일하는 여자, 일하는 엄마를 위한
워라밸 플랜

일하는 여자, 일하는 엄마를 위한
워라밸 플랜

초판 1쇄 인쇄 2018년 3월 12일
초판 1쇄 발행 2018년 3월 16일

지은이 석혜림

발행인 백유미 조영석
발행처 (주)니카
주소 서울시 서초구 효령로 34길 4, 프린스효령빌딩 5F

등록 2009년 12월 1일 제 385-2009-000044호
전화 070-7600-8230 **팩스 |** 070-4754-2473

값 14,000원
ISBN 979-11-89089-00-9 (03320)

라온북은 독자 여러분의 소중한 원고를 기다리고 있습니다. (raonbook@raonbook.co.kr)

일하는 여자, 일하는 엄마를 위한

WORK

L ♥ F E

BALANCE

워라밸 플랜

석혜림 지음

RAON
BOOK

♥

오늘이 멘탈 체인지업의
첫날이 되길

책을 준비한 지는 꽤 오래됐다. 쇼핑호스트로 10년을 근무하면서 회사에서 근속상이라는 것도 받아보고, 아이가 유치원에 다니기 시작하면서 마음의 여유도 생기고, 마치 노년의 학자라도 된 마냥 뭔가 하고 싶은 이야기를 집약하고 싶다는 욕망이 있었다.

회사에서 나름의 이름을 건 프로그램을 하고 있었지만, 아이러니하게도 언제 회사를 그만두게 될지 모른다는 불안감은 항상 나를 따랐다. 아무렇지 않게 상처를 주는 사람들과 일을 할 때는 강해졌다고 생각한 멘탈이 흔들리기도 했다. 여성 CEO 셰릴 샌드버그(Sheryl Sandberg)는 그녀의 페이스북에서 여성들은 정작 일을 그만두어야 하기 전부터 결혼이나 임신, 출산 등과 같은 퇴사

사유에 대해서 지나치게 미리 고민한다고 지적했다. 나 또한 그런 강박에 사로잡혀 있었던 건지도 모른다.

그 사이 사회에는 엄청난 변화가 있었다. 개인의 격변과 상관없이 4차 산업시대가 도래하고, 2030 세대들 사이에서는 '스타트업'이라는 새싹 기업에 관한 관심이 지대해졌다. 사물인터넷이나 빅데이터와 같이 어려워만 보이던 단어들이 우리 생활 속에 깊숙히 들어오면서 남녀를 막론하고 좀 더 다양한 비즈니스 환경에 놓이게 되었다.

나는 판교에서 직장을 다니고 있었기 때문에 더욱 이런 환경의 변화를 목도할 수 있었다. 당시 판교에는 창조경영센터를 중심으로 정책적으로 많은 IT 기업들이 모이고 있었고 스타트업의 만남과 헤어짐이 반복되고 있었다.

초록창으로 유명한 거대 검색 기업에서는 여성 CEO가 나서기도 했으며, 페이스북의 한 여성임원의 강연이 화제가 되는 등 여성들의 움직임과 발언도 영향력을 더해갔다. 내가 방송을 하는 유명 상품들의 대표나 핵심 개발자가 여성인 경우도 많았다. IT 시장만큼이나 변화가 빠른 시장이 방송이고, 그중에서도 대놓고 상업적인 홈쇼핑 비즈니스는 이런 변화를 유독 빠르게 보여준다. 이름만 대면 알 만한 40~50대 여성 기업인이나 셀럽, 전문가들과 방송하면서 나는 여성 직장인의 어려움이 사라진 것은 아니지만, 여성 직장인의 장점이 좀 더 부각되는 시대가 시작되었다는 것을 몸소 체험했다.

　과거처럼 일단 입사하면 '한번 조직은 영원한 조직이다!'라며 승진만이 유일한 성공이고 상사의 평가만이 내가 일한 모든 것의 잣대가 되던 시대는 저물어가고 있다. 이제 독립적인 한 명의 비즈니스맨으로서 존재하는 여성이 각광받고 있었다. 여기서 '독립적인 비즈니스맨'이라는 표현은 무조건 조직에서 나와 창업하는 사업가만을 의미하는 것이 아니라 오히려 회사 내에서도 그런 마인드로 일하며 스펙보다 더 넓은 자신의 세계를 구축하는 사람까지 포함한다. 즉, 일을 대하는 태도의 전환을 이룬 사람까지 포괄하며 이들은 언젠가는 또 다른 선택을 할 수도 있다.

　내 주변의 남자들은 이 회사에 계속 다닐까, 저 회사로 옮길까는 고민해도 (창업과 같은 다른 일을 제외하고) 회사를 아예 그만둬야 할지, 다녀야 할지를 고민하는 경우는 거의 없었다.

　하지만 내 또래의 여성들은 많은 경우 회사를 계속 다녀야 하나, 아이를 키워야 하나에 대해 끊임없이 고민한다. 나는 이것이 엄청난 차이라는 것을 깨달았다. 레이스를 뛰면서 이 레이스를 어떻게 효율적으로 가져갈 것인가를 고민하는 것과 레이스를 뛸 것인지 여기서 멈출 것인지를 고민하는 것은 결과가 다를 수밖에 없다.

　'더 이상 승진하기 힘들 것 같아서, 초등학교에 들어가는 아이에게 엄마의 손길이 필요한 것 같아서, 예전처럼 회식이나 업무

참여도 힘들고, 집안 살림은 엉망이고 둘째도 낳아야 할 것 같아서…….' 여자의 고민은 끝이 없다.

그런데 생각을 바꿔보자. 조직 내 직장인의 관점으로는 이 선택지를 벗어난다는 게 어렵지만 나를 독립적인 비즈니스맨으로 규정하고 생각을 바꾼다면 나는 이 선택지 외에 아예 다른 선택지를 가질 수 있다. 관점을 달리하면 심지어 나의 환경이나 내 조건들이 장점으로 승화되기까지 한다. 지적하기 좋아하고 단점에 대해서만 늘어놓는 사람들의 이야기에는 잠시 귀를 닫자.

나는 이제 '언제 일을 그만두어야 하나'가 아니라 '지금의 내가 준비할 수 있는 다음 스텝은 무엇일까? 그것을 어디에서 얻을 수 있는가?'에 대해 생각한다. 워라밸을 꿈꾸는 여성이라면 스마트한 비즈니스맨으로 완전히 변신해야 한다. 이 책이 당신을 그 길로 나아가도록 돕는 기폭제가 되었으면 좋겠다.

석혜림

목차

1장 스마트한 여성의 시대가 온다

2장 일하는 여자를 위한 워라밸 플랜

스마트한
여성의
시대가 온다

4차 산업혁명, 여성들에게 기회다

처음 '4차 산업혁명'이라는 단어를 들었을 때 나는 내가 모르는 사이 또 다른 노동자들의 혁명이라도 일어난 줄 알았다. 교과서에서만 배우던 산업혁명이 구시대 유물로 교과서에만 박제되어 있는 게 아니라 아직도 진행형이었나? 우리는 흔히 산업혁명을 통한 공장 설립과 공장을 통한 대량화가 엄청난 변화를 가져왔다는 것을 알고 있다. 그렇다면 더 어떤 변화가 온다는 거지? 다음 혁명은 무엇이란 말인가?

내가 잘 아는 바닥부터 이야기를 해보자. 홈쇼핑은 대표적으로 대량화 공장이 있어야만 진행될 수 있는 구조이다. 우리가 흔히 보는 것처럼 "방금 1,000세트가 나갔습니다! 2,000세트 매진입니다!"를 외치려면 적어도 그 방송 시간 동안 같은 물건이

1,000개 또는 2,000개 포장이 완료되어 있어야 한다는 뜻이다. 같은 색깔, 같은 품질, 같은 디자인을 정해진 시간 안에 정확히 만들어내야 한다.

그런데 최근에는 이런 대전제에 조금 재밌는 균열 현상이 발생하고 있다. 같지만 조금 다른, 기본 장점을 유지하면서도 나만의 멋을 더하고 싶은 사람들의 소비 욕구가 두드러지고 있기 때문이다. 여성들 사이에서 인기 있는 모 맞춤형 속옷회사는 1,152개의 패턴으로 브래지어를 만들었다. 눈으로 보기에 멋지면서도 자신의 몸에 맞는 편안한 속옷, 그래서 옷맵시를 살려주는 속옷이 인기인데다가, 속옷이 건강과도 직결된다는 인식이 생겨나면서 시작된 변화이다.

이 스타트업의 출발은 분명 신체에 대한 빅데이터를 기반한다. 속옷을 사려면 지갑을 먼저 여는 것이 아니라 이 회사의 홈페이지를 통해 자신의 신체에 관한 27개의 퀴즈에 답을 해야 하기 때문이다. 그러면 이 회사는 답변을 토대로 소비자의 체형을 분석해 몸에 딱 맞는 속옷을 만든다.

나는 다리를 꼬고 앉는 것을 좋아하다 보니 양쪽 발이 짝짝이인데 신발을 구입할 때마다 불편함이 있었다. 그런데 명동의 한 구두 제화기업은 3D 스캐너를 이용해 소비자의 발을 철저히 분석하고, 개개인의 발에 맞춰 신발을 제작해준다. 같은 사이즈여도 신발에 따라 미묘하게 크기의 차이를 느낀 경험이 있을 것이다. 오른발과 왼발이 미세하게 달라서 불편함을 호소하는 사람에게도 이런 시스템은 매우 유용하다. 게다가 이 빅데이터는 평생 보관되기 때문에 한번 체크를 한 소비자는 굳이 다시 매장을 찾을 필요가 없다. 카탈로그나 홈페이지를 통해서 디자인을 보고 신발을 선택하면 이미 측정해놓은 자료에 맞춰 내 발에 맞춘 편안한 신발이 집으로 배달된다.

이처럼 다양성의 매력은 소비자들을 사로잡는다. 그리고 소비자들의 선택이 기업의 시장을 강제적으로 확장시킨다. 이런 반짝이는 기업들을, 또는 아이디어를 이제 홈쇼핑에서 찾아가기 때문이다. '방송에 나와달라고! 그리고 전국적으로 판매하자고!' 손을 내민다.

그러기 위해서 다양성을 다시 대량화의 틀 안에 맞춰 조각한다. 사업의 핵심가치나 기술은 유지하면서 선택지는 좀 더 가다듬어 쉽게 만든다. 소비자들은 TV나 인터넷, 카탈로그를 보며 그 다양성의 일부를 누리면서 선택하기만 하면 된다. 사족 같은 부분은 사라지고 소비자들의 우선 선호도는 판매량을 통해 빅테이터가 된다. 그 빅데이터를 통해 비즈니스 시장은 다시 개편된다.

이 정보는 공개적으로 접근이 가능하기 때문에 (더 이상 며느리도 모르는 할머니의 비법은 없다. 할머니의 비법마저도 마케팅된다.) 정보의 평등이 일상화된 세상에서 우리는 또 다른 기회를 잡는다.

여기서 말하고 싶은 건, 모든 면에서 갖춰진 사람만이 기회를 가지는 것이 '아니라는' 점이다. 당신은 디자인의 트렌드를 잘 읽는 사람이지만 대량 제조와 유통은 잘 모르는 사람이다. 옆의 누군가는 트렌드를 읽어내는 감각은 부족하지만 표본이 있을 때는 그대로 만들어내는 기술이 있는 사람이다. 그렇다면 둘은 협업하면 된다. 당신과 '누군가'는 파트너가 된다. 지금의 시대가 우리에게 기회가 되는 이유는 협업의 유연함이 자연스러워졌기 때문이다.

국영수를 비롯해서 과사미체음까지 고루 점수를 내고 등수를 평가하는 시대는 지났다. 모든 걸 잘하지 않아도 된다. 장점이 명확한 사람은 하나의 장점이라도 괜찮다. 우리는 누구나 하나의 장점은 가지고 있다. '장점의 콜라보레이션', '기술의 파트너십'이라는 형태로 기회의 발판에 발을 내디딜 수 있다.

시대적 변화를 읽어내는 감각

홈쇼핑에서 일하면서 빛나는 여성을 숱하게 보았다. 홈쇼핑은 절대적으로 여성 소비자가 형성해놓은 시장이다. 모 여성용 청결제는 TV홈쇼핑을 통해 매출이 210억 원을 돌파하기도 했다.

업계에서는 평균적으로 홈쇼핑 이용자의 70% 이상이 여성일 것으로 보고 있다. 그래서 여성 소비자의 마음을 읽는 사람들에게는 기회다. 내가 본 빛나는 여성들은 여성 소비자의 니즈를 읽다 못해 소비자들이 잘 인식하지 못했던 숨겨진 니즈(Needs)까지도 끄집어냈다. 없어도 그만이지만 있으니까 너무 편하다는 빨래 건조기는 매년 판매량이 급증하고 있다.

처음 시장에 건조기가 나왔을 때, 주변에서 가장 많이 한 이야기는 '세탁기도 모자라서 이제 건조기까지 구입해서 써야 하나?'였다. 하지만 환경의 변화를 빠르게 읽고 한발 앞서 개발된 최신형 건조기는 몇 년 사이에 금세 주부들의 마음을 사로잡았다. 미세먼지는 우리의 생각보다 더 심각하게 건강을 위협했고, 가족 중 특히 면역력이 약한 아이들에게 위험했다.

이런 추세를 반영하듯, 모 아이디어 공모전에서는 감지기가 내장된 특수제작 침대를 통해 병치레가 잦은 영유아들의 체온과 피부 상태가 실시간으로 아이 돌보미 또는 소아과 의사에게 전달되는 시스템을 제안한 아이디어가 최우수상을 받았다. 지금 당장 실용화된 아이디어는 아니지만 어렵게만 느껴졌던 사물인터넷이 우리의 생활 속에 접목된 아이디어였다. 또한, 저출산 시대에 늘어난 맞벌이 부부들의 육아 고민의 결을 섬세하게 읽은 아이디어였다.

그런데 놀랍게도 이 아이디어를 낸 사람은 여대생들이었다. 나이와 입장을 불문하고 시대적 변화를 읽어내는 감각이 있는 것이다. 그리고 이 학생들에게는 결혼이나 임신, 출산과 육아가 난관이 아니라 감각을 키우고 테스트할 기회가 될 것이다.

물론 단순화시켜 이야기할 수는 없으며 여전히 이 사회에서 여성이 일하기 힘든 부분은 존재한다. 하지만 4차 산업혁명과 스타트업의 시대라는 '가로'와 건강의 중요성과 취향의 다양성이라는 '세로'가 만나는 지금 이 시기는 분명 우리에게 기회다.

성공한 여성들의
유쾌한 반란

    굉장히 재밌게 본 영화 중에 〈조이〉라는 영화가 있다. 제니퍼 로렌스와 브래들리 쿠퍼가 출연한 실화를 기반으로 한 영화이다. 영화 속 조이는 미국 롱아일랜드의 평범한 주부이자 이혼한 부모와 전남편, 할머니와 두 아이까지 떠안고 매일매일 전쟁처럼 살아가는 싱글맘이다.

    조이의 어머니는 방 안에서 매일 TV만 보고 있고, 조이의 아버지는 바람둥이로 연인과 헤어질 때마다 조이의 집에 얹혀산다. 게다가 무능력한 전남편은 조이의 집 지하에 같이 살고 있고, 조이의 이복언니는 늘 조이를 시기하고 질투하며 방해한다.

    그러던 어느 날, 우연히 쏟은 와인과 깨진 유리잔을 대걸레로 치우던 조이는 손에 유리가 박힌다. 이때 번뜩이는 아이디어를 얻은 조이는 손을 대지 않고 깨끗하게 짤 수 있는 대걸레를 발명한다. 이 제품이 바로 '미라클 몹'이다.

아버지의 새 여자친구에게 투자자가 되어 달라고 설득하고, 어린 딸의 크레파스를 빌려 허술했던 도안을 보완하고 노력한 끝에 제품을 완성한다. 그러나 완성된 제품을 판매해서 세상을 놀라게 해줄 거란 기쁨에 들떠 있던 조이에게 돌아온 건, 집에 가서 가족 뒷바라지나 하라는 수모와 기업과 투자자의 외면이었다. 여성에게 더욱 가혹한 비즈니스 세계의 벽 앞에서 조이는 좌절한다.

이때 전남편의 소개로 미국의 유명 홈쇼핑 채널인 QVC의 대표를 만나게 되고, 천금 같은 방송 판매의 기회를 얻게 된다. 단 홈쇼핑의 특성상 (한국이든 미국이든 비슷하다. 방송이 가능한 적정수량, 영화에서는 5만 개를 요구하는데 현실에서는 꼭 그 정도까지는 아니다. 특히 신상품 론칭은 더더욱.) 5만 개 제품을 선제작하게 되고, 이 과정에서 조이는 더 큰 빚을 진다.

하지만 첫 방송에서 쇼핑호스트의 어처구니없는 실수로 조이는 제품을 단 한 개도 팔지 못한 채 빚더미에 앉게 된다. 하지만 조이는 포기하지 않고 직접 방송에 출연하여 자신의 이야기로 소비자의 마음을 사로잡는 데 성공하고, 마침내 최고 판매기록을 달성한다.

방송에서 조이는 자신을 '전 매일 바닥을 닦는 여자입니다.'로 소개하며 소비자들의 눈높이에서 스토리텔링하는 모습을 보여주었다. 조이는 이 제품을 만들게 된 계기, 만들 때의 심정을 솔직하게 이야기하며 제품의 우수한 품질을 보여주었고, 그 결과 기적적으로 30분 만에 18,000개 판매라는 성과를 내었다.

이 성과로 성공한 듯 보였지만, 그 뒤로 가족의 간섭, 납품업체의 부품가격 인상으로 성공을 이어가기가 쉽지 않았다. 발명품들이 흔히 겪는 특허권 분쟁이 일어나고 파산의 위기를 겪는 등 성공은 안주할 틈을 주지 않았다. 하지만 조이는 모든 시련을 이겨내고 성장의 발판이 되어준 QVC 홈쇼핑과 어깨를 견줄 정도로 성장한다.

실화를 바탕으로 한 이 영화는 미국 홈쇼핑 채널 HSNi의 CEO 조이 망가노(Joy Mangano)의 실제 이야기와 거의 일치한다. 영화의 특성상 극적인 연출 요소야 있었겠지만 거칠고 험난한 비즈니스 세계의 현실은 더하면 더했지 덜 하진 않으리라.

한국의 수많은 조이들

미국만의 이야기가 아니다. 나는 대한민국 홈쇼핑 비즈니스 현장에서 한국의 조이 망가노를 수없이 보았다. 실제 주부의 입장에서 만든 아이디어 상품의 대표주자인 한경희생활과학의 한경희 대표나 구슬 아이스크림의 계난경 동학식품 사장, 남성 기능성 팬티를 만든 오수정 대표, 헬로키티 화장지를 유통시켜 대박을 낸 주민정 대표, 소형 공기청정기로 유명한 에어비타의 이길순 대표를 비롯한 식품계의 수많은 조이 망가노들이 있다.

특히 몇 대째 이어 내려오는 김치 비법을 개발해 홈쇼핑 유통에 도전하는 명인이나 예전이라면 며느리의 자리에만 안주했을 된장 명인이 만든 간편 메주 키트, 천연조미료를 한 알의 타블렛 형태로 상품화하는 데 성공한 평범한 주부, 감귤처럼 익숙한 지역 특산물을 동결건조해 간식으로 만든 여성 등, 소비자들에게는 알려지지 않았지만 방송의 뒤 현장에서 만나게 되는 여성 비즈니스맨들의 크고 작은 도전정신들이 떠오른다. 그리고 이들이 한결같이 이야기하는 성공한 여성이 겪는 시기와 질투, 멸시와 실패가 얼마나 힘들었을지도 짐작된다.

직접 개발을 하는 여성 창업자, 유통에 도전하는 여성 대표, 마케팅과 세일에 집중하는 여성 비즈니스맨들. 이들은 열악한 주변의 환경과 대중의 차가운 시선 속에 고군분투하며 살아남았다. 이런 현실에서 그녀들을 성공으로 이끈 것은 일상 속에서 얻은 비즈니스 아이디어와 포기하지 않는 도전정신일 것이다.

여성 멘토와 멘티들이 미치는 긍정적인 영향

남녀 차별은 단지 지금의 문제만이 아니다. 그리고 비즈니스 세계만의 일도 아니다. 퀴리 부인이라고 부르는 '마리 퀴리'만 하더라도 노벨상을 두 차례나 받은 대표적인 여성 과학자이지만, 당시에는 여성이라는 이유로 파리과학아카데미에서 회원 가입을 받아주지 않았다. 원자폭탄의 중요한 발견을 한 여성 과학자 리제 마이트너도 몇 차례나 수상자 후보로 올랐지만, 번번이 노벨화학상에서 탈락했다. 과학이나 비즈니스의 공통점은 통념적으로 남성이 주로 활약했던 분야라는 것이다. 지금은 많이 변했지만, 긴 역사 속에서 여성은 남성들에게 또는 같은 여성들에게 마저도 뛰어난 능력을 가지고 있어도 제대로 인정받지 못했다.

하지만 내가 하고 싶은 이야기는 그럼에도 견디고 버텨내는 것을 반복해야 한다는 것이다. 도전하는 것을 멈추지 말아야 한다. 재미있게도 어느 정도 수준의 성공을 이룬 여성들은 더 이상 미움의 대상이 아니라 동경의 대상이 된다. 해냈다는 것, 버텨냈다는 것은 그런 것이다. 멘토링을 통해 변화를 원하는 후배 여성들을 만나게 되고 이끌게 된다.

여성들은 이제 패션리더의 앞서 가는 하이패션을 바라보듯, 살림의 여왕을 만나 알고 싶었던 주방용품의 활용법을 익히듯, 세상의 여기저기에서 성공한 여성들을 동경의 대상으로 느끼고 그들의 이야기를 알고 싶어 한다. 성공한 여성들과 만나며 '어떻게 하면' 그렇게 성공할 수 있는지에 대해 적극적으로 물어본다. 그러기 위해 인터뷰나 개인 SNS을 들여다보고, 강연이나 사인회에 참석하고, 연예인이 아니어도 팬덤을 형성하여 팬카페를 만든다.

나는 2년째 좋은 기회로 한국 장학재단의 '차세대 리더십'이라는 멘토링을 하게 됐는데, 이 프로그램을 통해 홈쇼핑 유통이

나 쇼핑호스트에 관심 있는 대학생들을 만나서 교육적 지원을 해 주고 있다. 나는 이런 프로그램을 통해 청년들의 이야기를 듣고 어떤 점을 알고 싶어 하는지를 알아가며 나의 또 다른 성장 자양분으로 쓰고 있다. 여성 멘토와 멘티들이 서로에게 좋은 영향을 미치고 있는 것이다.

우리는 왜 비즈니스맨이
되어야 하는가?

　현실은 여전히 고단하다. 만약 이 책을 읽는 취업 준비생이나 대학생이 있다면 회사에 입사한 후에 엄청난 꽃길이 펼쳐질 거라고 기대하지 말았으면 좋겠다. 특히 여성이라면 더더욱. 지금까지 '세상이 이제는 달라지고 있다'고 이야기해놓고 이런 과거 회귀적인 엄포를 놓는 것을 '너무하다'고 하지 마라. 기회와 성공 이면에 역경과 고난이 있는 것은 당연하다. 나의 이야기는 유난하지 않다. 정말 열심히 달려온 내 주변의 여자친구들, 여성 동료에게도 빈번하게 일어나는 일이다.

　회사에 입사하면 남성 동료와 같은 레이스 선상에서 뛰게 된다. 나는 25살에 쇼핑호스트로 입사했다. 당시 내 동기는 7명이었다. 한 해에 쇼핑호스트 7명을 뽑는데 4000명이 넘는 응시자가 있었던 것으로 기억한다. 1차부터 시작해서 최종면접까지 몇 단계를 거쳐서 뽑힌 신입사원들은 지금도 마찬가지이지만 '뽑혔다'는 사실만으로도 반짝거리고 싱그럽다.

매일 아침 청바지가 아닌 출근 의상을 고르고, 백수가 되지 않고 회사를 가는 것만으로도 기특한 딸을 위해 엄마가 정성스레 차린 밥상을 '받고' 회사에 출근한다. 선배와 상사의 눈치가 보이긴 하지만 눈치보다는 빨리 일다운 일을 하고 싶은 마음으로 어깨너머로 이 일 저 일을 거든다. 중간중간 취직을 축하하는 친구들과 통화도 하지만 딱히 고민스럽고 문제 될 일은 없다. 이제 슬슬 소개팅에 나가 연애도 해볼까 싶고, 저녁에는 직원들과 즐겁게 회식도 한다. 술에 좀 거나하게 취해서 들어가도 이건 '업무의 연장선상'이니까 가족들 모두 이해해준다. 은근히 회식은 다음날 동료 또는 선배들과의 심리적 거리를 줄여주고 동지애를 느끼게 했다. '잘 들어갔어?' 등의 인사를 하며 말이다. 주말에는 늦잠을 푹 자고 필요한 쇼핑도 하고 (왜 그 당시에는 옷을 사도 사도 입을 게 없었을까?) 업무에 도움이 될 만한 동호회나 공부도 즐겁게 했다.

나는 가끔 시키지도 않았는데 새벽 출근을 했다. 직업의 특성이지만 홈쇼핑은 새벽 6시부터 생방송이 시작되고, 6시에 방송을 하는 사람들은 새벽 4시에 출근해서 준비를 시작한다. 그 당시에는 신입사원들이 업무를 시작하면 새벽 방송을 하게 되는 경우가 많았기 때문에 언젠가 하게 될 방송을 미리 준비하고 싶은 마음에 일찍 나와서 생방송을 준비하는 선배를 따라다니기도 했다.

12년 전 나의 생활을 아주 짧게 한 단락 써보았는데, 그때는 그 순간이 가장 바쁘고 치열하다고 생각했는데 되돌아보니 '정말 여유롭던 시절이구나!' 싶어 웃음이 나온다.

그때는 나만 생각하면 됐고, 나의 성장만 고민하면 됐다. 많지 않은 월급이었지만 저축만 제외하면 나에게 재투자할 수 있는 여유가 있었고 그렇게 한다고 해서 마음의 자책을 할 필요가 전혀 없었다. 세상의 환경은 그때도 하루가 다르게 변했겠지만, 회사의 누구도 나에게 그 변화의 주역이 되라고까지는 바라지 않았다. 그저 햇병아리 같은 신입사원이 자신의 역할을 90퍼센트 정도라도 잘해주길 바랄 뿐이었다. 기본 업무 인지와 회사 조직의 잔업무, 보조적 기능만 깔끔하게 처리해도 '훌륭하다'는 소리를 들었다.

그러다 4~5년 차가 되면서 후배가 생기고 생방송 업무도 더욱 복잡한 시스템 속에서 동시에 여러 가지를 해내야 했다. 성장도 하지만 때로는 소모되고 있다는 느낌도 들었다. 그리고 결혼하고 자연스럽게 임신하고 출산을 했다. 매일 똑같이 반복되는 회사생활 속에서 결혼은 또 다른 감정을 느끼게 해주었고, 임신은 새 생명의 놀라움을 안겨주었고, 출산은 나를 진짜 어른으로 만들기도 했다. 요즘은 비혼이나 딩크족이 많아지고 다양한 형태의 가족이나 공동체를 꿈꾸는 사람도 많아졌지만 여전히 내 주변의 대다수는 나와 비슷한 라이프 타임라인을 갖는 듯하다.

문제는 조직 안에서 이런 과정을 겪는 동안 여성은 너무 많은 고민을 하게 된다는 것이다. 맞벌이가 많아졌다고는 하지만, 나는 단순히 회사에 다니는 여성과 남성의 비율을 비교할 것이 아니라 기간 내 남자와 여자가 얼마나 성장하고 있는가를 분석해봐야 한다고 본다.

일하는 여성들의 숙명적인 고민

앞에서 언급한 각각의 상황들은 여성으로 하여금 심리적으로 주저앉거나 업무에서 뒤로 물러서게 만든다. 나는 주변에서 임신, 출산으로 인한 휴직으로 승진에 피해를 보는 경우를 종종 보았다. 수치상으로는 임신과 출산을 하는 기간에 출근하지 못했으니 그 기간에 출근한 사람보다 승진이 미뤄진다는 논리인 것처럼 보인다.

문제는 심정적인 데서 발생한다. 승진이 미뤄진 대리는 과장인 동기의 지시를 받기도 하고, 때로는 과장인 후배의 지적을 받기도 한다. 조직을 지탱하는 큰 뼈대는 바로 승진과 직책이다. 이것은 월급과도 직결된다. 그렇기 때문에 이 과정에서 여성은 자연스럽게 뼈대의 외곽으로 밀려나게 되고, 중심부로 재진입하려면 더욱 치열한 노력이 필요한 상황에 놓인다.

하지만 패기만으로 더 큰 노력을 한다는 것은 쉬운 일이 아니다. 페이스북의 여성 CEO 셰릴 샌드버그는 오랫동안 회자될 테드의 강연을 하기 위해 출장을 떠나야 하는 날에도 그녀의 아이가 엄마의 다리를 붙잡고 '엄마 가지마'라며 울고 떼를 썼다고 고백했다. 한시적 이별인 가슴 아픈 모닝 이별은 실제로 많은 엄마가 매일 겪는 일이며, 엄마의 출근이 자연스러운 일이라는 걸 아이가 받아들이기까지 엄마는 아이에게 분리불안이라도 생기지 않을까 염려하며 아침마다 전쟁을 치르게 된다.

당연히 누군가 도와주지 않으면 새벽에 일찍 출근하는 것도 힘들다. 남편, 부모님, 가사도우미, 이 셋 중 하나의 충족 없이는 그날의 업무를 위해 새벽 출근을 하거나 야근을 한다는 것이 불가능하다. 아이가 불안해하지 않도록 충분히 설명해주고 출근하는 것이 올바른 방법이라는 것은 책과 육아 프로그램에서 봐서 알지만 정작 지각 5분 전이 되면 실랑이를 할 짬도 없어서 숨듯이 문을 나서게 되는 것이 워킹맘의 현실이다.

회사를 온 뒤에도 중간중간 겨울 보일러가 동파되듯이 터지는 집안의 대소사, 그리고 가족 중 누군가가 아프기라도 하면 생기게 되는 문제, 이 문제의 해결 과정에 회식이나 나만의 시간이 얼마나 사치인지는 겪어본 사람이라면 알 것이다. 단순히 중요한 프로젝트에서 주체가 되느냐 아니면 뒤로 빠지느냐의 문제가 아니라 아주 일상적인 회사 일마저도 '요즘 무슨 일 있어요?'는 걱정을 들으며 흔들리게 하는 난관들이 산재해 있다. 워킹맘의 고

비는 소소하지만 끈질길 정도로 반복적이라 울퉁불퉁한 비포장 도로를 종일 운전하면 두통이 따라오는 것처럼 티 나지 않게 여성을 주저앉힌다.

자녀가 다섯인 유튜브의 CEO 수전 보이치키(Susan Wojcicki)는 모 인터뷰에서 "일하는 엄마는 정말 너무나 바쁘기 때문에 일의 우선순위를 매기는 데 익숙해진다. 나는 매일 저녁 6시부터 9시 사이에 아이들과 함께 있기 위해 일의 우선순위를 매기고 재빠르게 처리한다. 그 세 시간 동안 기기를 다 끄고 서로에게 집중한다. 요리도 같이하고 아이들이 전해주는 그날의 특종을 듣는다. 아홉 시에야 셀폰을 켜고 다시 일을 시작한다. 젊은 워킹맘들에게 알려주고 싶다. 육아는 점점 더 편해진다. 미친 듯이 힘든 기간이 평생 가지는 않는다."며 격려했다.

문제는 수전 보이치키만큼 아이들과 특종이라도 이야기하려면 최소 육아 6~7년 차에는 접어들어야 한다는 거다. 그전까지 엄마는 더 많은 시간과 노력을 기울여야 한다. 의도한 바는 아니지만 아이는 온 힘을 다해서 엄마를 괴롭힌다.

나도 첫째 아이가 6살이 되면서 육아가 일과 얼마든지 양립할 수 있다는 것을 깨달았지만, 보통 그 안정기가 오기까지 많은 여성이 엄마의 이름으로 회사에서 뒤로 밀려나거나 무기명이 되거나 엄마의 자리로 돌아가는 것을 선택한다.

모든 조직이 '그러므로 기혼여성을 이해해야 한다'를 주장하는 게 아니다. '6년만 기다려주시죠'도 아니다. 조직은 원래 그런 거다. 아무리 시스템을 보완하고 나라에서 제도를 만들어준다고 해도 자본주의 사회에서 이익을 추구하는 집단은 이익 위주의 선택을 하게 되고 성과를 낼 수 있는 구조를 본능적으로 찾아간다. 직장인은 수동적으로 이 시스템을 안고 가기 때문에 여성들은 언제나 '계속 다닐 수 있을까?', '그만두고 가정에 집중할까?'를 고민할 수밖에 없다.

하지만 비즈니스맨다운 멘탈 체인지로 돌파구를 마련해보자. 조직 내에서 내가 할 수 없는 부분, 역량을 발휘하기 힘든 물리적 조건은 일단 접어두자. 그리고 역발상을 시작하자.

비즈니스 마인드에 답이 있다

내가 이 미묘한 발상의 전환을 할 수 있었던 것은 내 직업환경과 연관이 있다. 우리 회사는 이미 쇼핑호스트가 개인사업자이기 때문에 일찌감치 비즈니스맨으로의 사고 전환이 일어났다. 계속 회사의 동료와 회사 시스템에 맞춰 방송을 하기 때문에 완전한 창업의 형태는 아니지만, 조직 내 비즈니스맨으로 나의 정체성을 일찍 깨달을 수 있었다.

그러면서 동시에 방송을 위해 찾아오는 개인사업자부터 중소기업, 대기업까지 다양한 비즈니스 현장을 보면서 여전히 조직의 일원으로 여성이 겪는 상황들을 교차점으로 읽어왔다. 그리고

이 모든 문제풀이는 소비자의 니즈와 홈쇼핑의 실적, 시대의 트렌드라는 테두리 안에서 이뤄졌다. 역시 답은 '비즈니스맨이 되어야 한다'였다.

조직에서는 결코 +a로 평가받을 수 없었던 결혼이나 임신, 출산 등도 비즈니스맨인 나에게는 무기가 되기도 했다. 내가 방송하는 대부분 상품의 소비자가 주부 또는 여성이기 때문에 나는 진심으로 소비자와 공감대를 형성하고 제2의 조이 망가노가 되어 머리가 아니라 마음으로 상품을 판매하게 됐다. 내가 느끼는 모든 순간의 일들이 대부분 엄마의 일상이고 주부카페에 자주 올라오는 고민거리이고 방송을 보는 소비자들의 니즈였던 것이다.

앞으로 경제가 어려워지면 사람들은 자신들이 입는 것, 먹는 것은 줄일 것이다. 그러나 그 와중에도 절대 줄어들지 않을 분야라고 하는 것이 아이들 시장이다. 한 명만 낳아서 잘 키우자는 저출산 시대, 부모들은 하나뿐인 자녀를 위해 더욱 투자한다. 그러므로 육아, 교육산업은 전망이 밝다고 생각한다. 홈쇼핑만 하더라도 이와 관련된 상품들이 최근 몇 년 사이에 부쩍 많이 방송되고 있다.

자, 과연 이 상품들을 잘 팔 수 있는 사람은 누구일까? 난 자신 있게 '엄마'라고 이야기할 수 있다. 난 대학교 때 국문학과 교육학을 전공한 중등교육 교사 자격증이 있는 사람이지만, 솔직히 고백하면 학생 때 배웠던 지식보다 우리 아이와 씨름하면서 얻게 된 지혜가 훨씬 크다.

출산 또한 마찬가지다. 감히 내 성찰의 시기는 출산 전과 후로 나뉜다고 말하는데, 나의 정신적, 신체적 자신감이 극과 극에 놓이게 되는 시기가 바로 출산 기점이었다. 온몸이 붓고 입덧과 임신성 당뇨, 비타민D 부족, 20kg 이상의 체중 변화를 겪으면서 나 스스로가 임상실험을 겪는 것처럼 건강에 대해 많은 것을 고민하게 됐다. 무엇이 필요한지, 어떤 점이 중요한지, 여성이 출산 후 죽을 때까지 건강관리의 포인트는 어떻게 변화되는지 체감하게 된 것이다.

또, 비염과 축농증 때문에 고생하는 식구가 있어서 이제 나는 청정기와 가습기에 관해 이야기하라고 하면 누구보다 잘 이야기한다. 원리와 제조에 대해서는 몰라도 니즈와 필요성에 대해서는 듣기만 해도 고개가 끄덕여진다. 쌍둥이들이 새벽에 코를 크르렁하며 불편해할 때마다 있는 힘껏 콧물을 빨아서 제거해주면서 도대체 어떻게 하면 이 불편함을 없애줄 수 있을까 고민하는 엄마이기 때문이다.

직장생활을 하려면 '버티고 해내야 한다'는 기조는 여전하다. 그런데 나는 무조건 무작정 버티면 된다고 이야기하는 것이 아니다. 조직은 생물체와 같아서 신기하게도 안이한 버팀을 언젠가는 알아챈다. 버티기만으로는 성공이라는 노선을 탈 수 없다. '가만히 있었더니 성공했더라구요'는 '눈 떠보니 스타가 됐던데요?'

같은 먼 이야기다. 우리의 성공 스토리는 '비즈니스맨이 되어서 버티고 해냈다'가 되어야 한다.

단점을 장점으로, 고난을 기회로, 고민의 해결에서 새로운 활로를 찾는 것이 바로 비즈니스맨이다. 여기서 비즈니스맨이 된다는 것은 당장 이직을 하거나 창업을 하는 걸 뜻하는 게 아니다. 자기 자신을, 조직을 생각하고 일한다는 것이다.

편안함과 성장은 절대 공존하지 않는다. 비즈니스맨은 기회가 오면 그냥 잡는다. 속으론 무서워 죽을 것 같으면서도 수용하고 그것과 싸우면서 성장한다. '아직 나는 준비가 안 됐어. 더 생각해보고 도전하겠어'가 아니라 잘 모르는 분야도 겁먹지 않고 도전하는 비즈니스맨이 되어야 한다.

일하는 엄마는
육아 마인드부터 달라야 한다

얼마 전 이런 신문기사를 봤다. 아이를 키우다가 너무 힘들어서 친정엄마에게 도움을 청했는데 문화센터 수업에 가야 한다며 도와주지 않는 친정엄마에게 서운함을 느꼈다는 내용이었다. 물론 기사의 말미에는 엄마에 대해 이해하게 되었다는 딸의 이야기로 맺음되어 있었지만, 댓글에는 '자기 아이는 자기가 키워라', '못 키울 거면 낳지 마라'는 의견이 가득했다.

그러면 이 기사의 주인공인 아이 엄마는 죄책감을 가지고 다시는 친정엄마에게 부탁해선 안 되고, 본인이 낳은 아이니까 아무리 힘들어도 감내하는 것만이 답일까?

솔직히 나는 이런 논리는 너무 가혹하다고 본다. 아이는 분명 너무 예쁘고 사랑스러운 존재이지만, 아이를 키워본 사람이라면 누구나 그 육아의 과정이 얼마나 지난한지 알 것이다. 자기 아이니까 자기가 키워라? 물론 대의적으로는 맞는 말이다. 무리 없이 거뜬하게 해내는 사람들을 보면 박수를 보낸다. 하지만 모두가 그 완벽한 독박육아의 장벽을 넘을 수 있는 것은 아니다. 그렇다고 우리를 키우느라 이미 수년 동안 고생한 친정엄마가 다시 손주 보육으로 고생하는 것도 속상할 일이다. 내일 당장 어떤 일이 펼쳐질지 모르는 육아라는 전쟁에서 이러지도 저러지도 못하는 상황들이 얼마나 많던가.

남편은 첫째 아이가 태어나기 전 '왜 이 조그마한 아이 한 명을 어른 한 명이 보지 못하냐'고 이야기하던 남자였다. 수학 공식처럼 1:1 보육이면 충분하다고 만만히 여겼고, 심지어는 자신이 커온 것처럼 삼남매가 좋다며 혼자 셋도 거뜬히 키울 수 있다고 욕심을 냈다. 그래서 첫째를 출산했을 때만 해도 복직할 때까지 굳이 다른 사람의 도움이 필요하지 않을 거라고 생각했던 댓글 같은 남자였다.

하지만 현실은 전혀 달랐고 특히 복직을 준비해야 하는 나에게는 산후조리 기간마저도 힘들기만 했다. 결국 밤중 수유에 얼굴이 핼쑥해지고 예기치 않은 분유 갈이로 분유를 분수처럼 뿜어내며 온갖 고생을 다하는 아이를 보면서 남편은 '우리의 힘만으로는 힘들다'는 결론에 도달했다. 부모님의 도움뿐만 아니라 수많은 정보와 나라에서 제공하는 보육 시스템과 주변 아이 엄마

아빠들과의 연대 등 모든 것을 포함하는 것이 필요하다는 것을 인식하게 된 것이다.

예전부터 '한 아이를 키우기 위해서는 하나의 마을이 필요하다'고 말하지 않던가. '육아는 우리끼리로도 충분해'를 외치던 폐쇄정책에 백기를 흔들고 개방정책을 도입하게 되었고, 결국 우리는 육아책을 찾아보고 모르는 건 육아맘 카페에도 묻고 근처의 친정 부모님과 함께 공동육아체제를 고민하게 되었다.

친정아버지는 우리 동네까지 운동 겸 사이클을 타고 오셨고 우리 집에서 샤워 후 하루 몇 시간 아이를 돌봐주셨다. 나는 그 시간 동안 복직 준비를 할 수 있었다. 그리고 동네의 가정 어린이집을 활용했다. 아이가 어릴 때는 엄마 품에서 크는 게 제일 좋지만, 아이가 가족의 일원이 되는 과정에서 가족 모두가 적응할 수 있는 시스템이 필요했다. 아이를 마을이 키우듯, 공동체가 함께 키우는 방법을 찾아 적응하는 것이 우리 가정에 더 적합하다고 판단한 것이다.

물론 이렇게 하려면 여러 지원과 시스템에 대한 믿음과 신뢰가 선행되어야 한다. 사람들의 지적처럼 내가 회사에 다닌다고 친정엄마가 나 대신 온종일 독박육아를 할 수는 없는 노릇이었다. 그건 젊은 나도 힘든 일이니 당연하다. 그래서 0~1세가 다닐 수 있는 어린이집을 활용하기로 했다. 그리고 무엇보다 이 모든 결정을 비난하지 않고 사정을 이해하고 받아들여주는 가족의 동의가 중요하다. 한껏 약해 있는 초보 엄마의 멘탈을 지켜줄 가족의 지지가 가장 큰 힘이 된다.

몇 주에 걸쳐 동네의 어린이집 리스트를 정리하고 모두 방문했다. 방문하면서 시설도 살피고 특히 어린 아기는 어떻게 보육하는지에 대한 설명도 들었다. 그리고 가장 믿음이 간 어린이집에 매일 한 시간씩만 아이를 보냈다. 이 과정이 거의 한 달이 넘게 걸렸는데, 첫째 주에는 1시간, 둘째 주에는 1시간 30분, 셋째 주에는 2시간 이런 식으로 천천히 시간을 늘려간 것은 아주 현명한 판단이었다. 맡기는 입장에서도 천천히 아이와 떨어져서 시간을 보내는 훈련할 수 있었고, 보육해주시는 어린이집 입장에서도 아기가 어린이집에 적응할 수 있도록 필요한 것을 대비할 시간이 됐기 때문이다. 이 시기에 어린이집에서는 아기 침대도 구입하고 방 시설도 변경하면서 아기를 위한 환경을 만들어주셨다.

십여 군데가 넘는 어린이집을 방문하면서 느낀 점이 있다. 아직 우리나라는 아기를 어린이집에 맡기는 것에 대해 우려가 크고 엄마들의 불안이 여전하다는 것이다. 말도 좀 하고 표현도 할 줄 알고 몸도 자기 뜻대로 움직일 줄 알아야 보육시설에 보낼 수 있을 거라 이야기한다. 그러다 보니 엄마들은 꽤 긴 시간의 독박육아를 견딘다. 나도 처음 아기를 어린이집에 보냈을 때는 한 시간 내내 '잘 있을까? 별일 없을까' 걱정만 했다. 생각이 온통 어린이집에 가 있었으니 이건 보내놓고도 안 보낸 거나 다름이 없었다.

그러나 차츰 마음이 안정되고 아이가 적응하기 시작하자 훨씬 육아가 수월해졌다.

뉴스에는 학대에 가까운 짓을 하는 어린이집이나 유치원 교사가 종종 보도된다. 동영상을 보면 부모로서 치가 떨린다. 그렇다 보니 부모 입장에서는 더 믿고 맡기는 것을 주저하게 된다. 아이들을 믿고 맡기기 위해서는 이런 잘못된 보육기관에 대해서는 더욱 엄중한 처벌이 내려지고 그 결과까지 사회가 공유해야 할 것이다. 그리고 훌륭하게 운영되는 어린이집과 유치원에 대한 추천과 포상제도가 더욱 보강되어 보육기관 스스로가 거듭날 수 있게 도와야 한다. 보육과 관련된 사회적 제도만 상식적인 선에서 잘 갖춰져도 모성에 모든 것을 의존하지 않고 충분히 아이를 키우면서 일할 수 있다.

기억할 것이다. 2017년 9월, 주말부부이던 주부가 육아우울증으로 아이들을 살해하고 본인도 자살을 시도했던 사건 말이다. 그는 범행 동기로 혼자 아이들을 키우는 것이 너무 힘들었고 주말에만 집에 오는 남편도 아이를 돌보지 않고 무관심했다고 이야기했다. 이 외에도 생후 6개월밖에 안 된 아기가 울음을 그치지 않자 갑자기 아기를 돌볼 자신이 없어진 아이 엄마가 충동적으로 친자식을 살해한다든지 아이를 안고 8층에서 뛰어내리는 충격적인 사건도 있었다.

이들에게는 '육아우울증'이라는 공통점이 있었고, 우울증은 주변의 상황이 개선되지 않으면 정신병으로 발전할 가능성이 있다고 한다. 비극적인 사태를 빚기 전에 우울증이 해결되지 못하는 많은 이유 중 하나는 '엄마는 그러면 안 된다'는 강박관념이 우리 사회에 만연하기 때문일 것이다. 우울증을 자각해서 병원을 찾아가 건전하게 해결하고 도움을 받기보다는 '내가 엄마인데 이래도 될까'라며 자책하거나 '엄마라면 누구나 이 정도는 힘든 거다'라는 생각으로 스스로 해결하려고 하기 때문이다.

한 아이를 키우기 위해서는 한 마을이 필요하다

여자들은 엄마가 되는 순간 마치 트랜스포머로 변신하듯 책임감을 장착하고 육아는 자신과의 싸움이라는 생각으로 모든 것을 짊어지려고 한다. 도움을 구하는 엄마는 사회로부터 부족한 엄마, 자신의 아이 하나 책임지지 못하는 여자로 비난받기 때문이다.

복지부에 따르면 지난해 전국 보건소에서 검사한 산후우울증 고위험 판정 산모는 총 5,810명이다. 하지만 그중 정신건강센터 상담까지 이어진 경우는 그 절반에도 못 미치는 2,623명일 뿐이었다. 2015년에도 고위험 판정 산모 4,801명 중 51%인 2,494명만 정신건강 센터에 상담을 의뢰했다. 연구자들에 의하면 산후우울증이 제대로 치료되지 못한 상태로 독박육아로 이어지면서 자살과 같은 안타까운 사례가 나타난다고 분석하고 있다.

엄마 혼자도 힘들고 보육시설에 맡기기도 불안하다 보니, 사실 엄마들이 1차적으로 생각하는 건 조부모 육아일 것이다. 조부모 육아가 늘다 보니 요즘은 황혼육아, 할마, 할빠라는 신조어까지 생겨났다. 하지만 이것 또한 쉽게 생각할 일이 아니다. 분명 손주를 보는 기쁨은 크지만, 황혼육아를 통한 스트레스도 엄청나다.

육아정책연구소가 2015년 손주를 돌보는 조부모를 대상으로 조사한 보고서를 보면 조부모의 주당 평균 양육시간은 42.53시간으로 법정근로시간 40시간보다도 많다. 또 한국여성정책 연구원의 2015년 보고서를 보면 손주를 돌보는 조부모는 체력적으로 힘들고(59.4%) 교우관계나 사회생활을 하지 못하는 어려움(41%)을 겪는다고 한다.

일본에서는 손주를 돌보며 생기는 우울증을 일컫는 '손주블루'라는 신조어도 생겨났다. 흔히 손주를 돌본 뒤 조부모들이 부쩍 늙는 것 같다고 토로하는데, 이는 의학적으로도 그럴 듯하다. 어린아이를 안고 씻기다 보면 척추를 압박하게 되어 척추 후만증(등이 솟고 상체가 앞으로 기울어지는 척추 변형)이 오기도 한다. 어린이집이나 유치원도 완벽한 대안은 될 수 없다. 꽤 큰 비용이 드는 육아도우미 또한 마찬가지다. 어느 것도 완벽한 대안은 아니다.

그러나 내가 이야기하고자 하는 것은, 완벽할 수 없다는 걸 그냥 인정해버리자는 거다. 나는 일하는 엄마이기 때문에 아이를 좀 더 밀착해서 돌볼 수 없었고 내가 청한 모든 도움 속에는 조부모의 희생도 있었다. 나의 부모님은 나 대신 아이와 시간을 보내기도 했으며, 보육의 차원에서 아이가 자라 교육의 차원이 되었을 때는 한계를 느끼기도 했다.

내가 모든 것을 희생할 수 없듯, 나의 부모님도 마찬가지이기 때문에 아이는 자기 또래보다 꽤 일찍 어린이집을 다녀야 했고, 아이 아빠는 점심시간에 유치원의 전화를 받고 달려가는 일도 경험해야 했다. 좋은 가사도우미를 만나기 위해 몇 차례의 면접을 보면서 가족이 아닌 누군가를 가족처럼 받아들이는 경험도 했으며, 동네 부녀회나 엄마 카페의 도움을 받기도 했다. 이 모든 게 내 욕심 때문인가 하고 자책하거나 나 때문에 아이의 발달이 느린 건 아닌지 조바심을 내기도 했다. 아이는 스스로 나의 불안을 해소시켜주는 존재가 돼주었지만, 아마 이러한 불안과 걱정은 아이가 학교에 다니기 시작하면 다시 시작될 수도 있다.

그러나 잊지 말아야 할 것은 그 불안과 걱정이 엄마만의 것은 아니라는 것이다. 어떤 상황이든 벌어질 수 있다. 그리고 그건 아이와 나를 둘러싼 모든 환경이 함께 해결해나가야 공동의 문제이다. 문제는 잘 해결될 수도 있고 때로는 실패할 수도 있다. 그런데 실패하면 또 어떤가? 그 실패 덕분에 새로운 길이 보이기도 한다. 그리고 엄마가 일하지 않는다고 해서 완벽한 성장이 담보되는 것은 아니다.

다시 한 번 강조하고 싶은 것은 '한 아이를 키우기 위해서는 한 마을이 필요하다'는 마인드이다. 나도, 아이도 그리고 가족들도 힘들 수 있지만 한 가지는 분명하다. 서로가 서로에게 관심과 애정을 가지고 있다면 그 실패도 누구의 책임이 아니라 함께 고민하고 충분히 이겨낼 거리가 된다. 어떤 경우에도 쉽게 희생하지 마라, 누구도.

엄마이기에 더 탁월한
비즈니스맨이 될 수 있다

엄마들은 재밌는 특징이 있다. 눈이 4개고 손이 10개다. 이게 무슨 뚱딴지같은 소리일까? 어릴 적 아침 풍경을 떠올려 보라. 내 눈에는 죽어도 보이지 않는 옷을 찾아서 "엄마! 내 교복 어딨지?"라고 헤매고 있으면 오른손으로는 내 등짝을 때리면서도 왼손으로는 순식간에 교복을 찾아내는 엄마의 모습. 심지어 시간이 촉박해지면 나의 옷과 동생의 준비물을 동시에 찾는 신기술까지 선보이곤 하셨다. 더 놀라운 건 그 과정에서 딱히 동생이 엄마에게 무슨 물건을 찾는다고 하소연하지 않았는데도 물건을 찾는 눈빛만으로도 상황을 파악하고 먼저 해결을 하는 경우도 있었다는 거다.

아버지를 비롯한 식구들이 출근이나 등교를 준비하고 있으면 엄마는 놀랍게도 그 과정에서 생길 문제를 미리 또는 즉시 해결하여 모두의 동선에 문제가 없도록 조율하곤 했다. 그건 아마 많은 집에서 공통적으로 일어나는 마법이 아닐까?

그래서 나는 엄마는 다른 인종, 엄마는 다른 영역의 능력자라고 생각했다. 엄마는 원래 그런 능력이 있는 사람이라고 여겼던 것이다. 마치 누군가는 영어를 잘하고 누군가는 수학을 잘하는 것처럼 말이다.

하지만 내가 엄마가 되고 나서 그 마법의 비밀은 저절로 풀렸다. 누구도 엄마로 태어나는 사람은 없다. 그리고 엄마의 조율능력은 수업시간에 배우는 것이 아니라, 동일한 시간과 공간 속에서 훈련되는 후천적 능력으로 개발된다는 것을 깨달았다.

그런데 여기에는 하나의 가장 중요한 원동력이 필요하다. 바로 '애정을 기반으로 한 관찰'이라는 엔진이다. 가족들이 아침의 바쁜 순간에 잘 준비하고 나갈 수 있도록, 출근 뒤 또는 등교 후 문제가 발생하지 않도록 앞을 내다보면서 조율하는 건 가족에 대한 애정이라는 엔진 없이는 작동하지 않는다.

나는 이 능력이 참 재밌다는 생각을 했다. 흔히 80년대 드라마를 보면 (〈아들과 딸〉, 〈사랑이 뭐길래〉 같은) 능력 있는 딸들은 평생 가족을 위해 희생한 엄마에게 "난 엄마처럼 살지 않을 거야!"를 외쳐 엄마 가슴에 대못을 박는다. 엄마 역을 맡은 배우는 가족들을 위해 손과 발이 되어 살피고 챙겨준 스스로의 역할이 참 덧 없다고 느낀다. 물론 드라마에서는 곧 몇 회가 지나고 나면 반성한 딸이 엄마에게 용서를 구하고 결국 화해하지만.

어쨌든 그동안 엄마의 이런 능력은 그저 집에서만 소비되는, 가족들에게만 가치 있는 능력으로 치부되었다. 하지만 비즈니스맨의 관점으로 보면 이 능력은 대단히 섬세하고 멋진 능력이다.

엄마, 마음을 읽는 사람들

흔히 말하는 빅데이터 시대에 사람들이 쏟아내는 데이터들에는 모두 각각의 이유가 있기 마련이다. 사람들이 관심 있는 단어, 주로 검색하는 소스들, 반복되어 쌓이는 데이터 중 이유가 없는 것이 있던가? 단어 하나만 꿰뚫어도 그 단어가 데이터가 되는 스토리가 있기 마련이고, 결국 이런 스토리를 찾아내는 상대의 상황과 입장에 관한 관심이 얼마나 중요한지 알 수 있다. 상대가 필요한 것이 뭔지 알아채는 관심, 상대의 동선과 상대의 니즈를 반걸음 먼저 읽어내는 능력은 꼭 가족 간에만 필요한 것이 아니다. 비즈니스맨의 영역에서 이 능력을 발휘해보자.

나는 홈쇼핑 방송을 할 때 전문 게스트와 함께 진행을 많이 한다. 요리 명인, 쉐프, 연예인, 제품 개발자들이다. 일부는 능숙하게 생방송에 적응하지만, 사실 홈쇼핑에 처음 온 사람이라면 누구나 당황스럽다. 심지어는 꽤 오랜 기간 방송 생활을 한 사람도 생방송은 녹화방송보다 더 어렵다고 이야기한다. 수정이나 편집이라는 게 없기 때문이다. 거기에 정해진 시간 동안 판매까지 해야 한다고 생각하면 경직된다. 게다가 홈쇼핑은 그 어떤 채널보다도 심의가 까다롭다. 상업성을 띠기 때문에 그렇다. 할 수 있는 말보다 하면 안 되는 말이 더 많다. 그래서 어느 정도 적응이 된 사람이 아니면 처음에는 고생하기 마련이다.

나는 쇼핑호스트 중에서도 유난히 방송이 처음인 사람들과 생방송을 많이 기획해왔다. 어느 카테고리 아이템보다 식품은 중소기업의 아이템이 많고 철저히 개인의 기술력에 의존해서 상품화되는 일이 많기 때문이다. 지금 당장 TV를 틀어 홈쇼핑을 보면 공감할 것이다.

그러다 보니 다른 능력보다도 이 부분에서 좀 탁월했던 것 같기도 하다. 연예인 같은 외모를 타고나지는 못했지만, 용케도 비즈니스 분야에서 써먹을 능력이 있었다. 특히 엄마가 되면서 더욱 이런 능력이 나의 일에 큰 도움이 됐다. 가족들을 눈으로 먼저 챙기듯, 함께 일하는 사람들에게 필요한 게 무엇인지가 보이는 것이다. 이야기하고 싶은 게 많은 아이가 뒤죽박죽 말을 쏟아내고 나면 엄마는 익숙하게 재배치하여 알아듯, 상품의 장점을 더 나열하고 싶지만 간단명료하게 정리되지 않아서 입에서만 맴도는 요리명인의 마음속을 들여다본다.

지방에서 평생 한 가지 채소만 재배하던 어르신이 계셨다. 이분의 눈에는 채소가 내 새끼고 자식이다. 그래서 홈쇼핑 심의와는 관계없이 '내 채소는 무조건 최고'인 것이다. 자식 사랑에 이유가 없듯이 이분은 왜 나의 작물이 좋은지, 왜 먹어야 하는지에 대한 마케팅적 접근 없이 '그냥 좋고 무조건 먹어봐!'를 외쳤다. 하지만 이렇게 해서는 홈쇼핑 생방송을 할 수 없다. 이 어르신의 마음에서 필요한 것, 그리고 이 어르신이 소비자들에게 하고 싶은 이야기를 대신 전해주는 것이 바로 쇼핑호스트의 역량이다. 그리고 이 역량은 엄마의 마법과도 닮아 있다.

　요리를 참 좋아하는 연예인이 자신의 이름을 건 상품을 론칭했다. 소비자들에게 자신의 이름을 건 음식을 이렇게도 보여주고 싶고 저렇게도 보여주고 싶지만, 방송 스튜디오는 우리 집, 내 부엌이 아니므로 웬만큼 숙달되지 않으면 어디서부터 어떻게 보여줘야 하는지 어려움이 따른다. 게다가 생방송이다 보니 카메라와 호흡을 맞춰서 모든 시연을 해내야 한다. 당연히 어렵고 손이 부족한 느낌을 받게 되고 내 맘 같지 않다.

　다시 한 번 엄마의 부엌을 떠올려보자. 참 신기하게도 엄마는 뚝딱뚝딱 요리했다. 아무것도 없는 것 같던 우리 집 부엌에서 늘 맛있는 음식이 나왔다. 아니, 좀 더 정확히 말하자면 객관적으로 맛있다기보다는 주관적으로 우리 식구의 입맛에 맞는 음식, 또는 우리 가족의 건강 상태에 맞춘 음식들이 나왔다. 고등어를 넣어 매콤하게 지진 조림을 좋아하던 아버지가 통풍으로 고생하실 때에는 통풍에 좋지 않은 등푸른생선 대신 흰살생선 조림이 나왔다. 장아찌 하나면 밥 한 그릇을 뚝딱 비우던 내가 임신 후 임신성 당뇨로 고생할 때 어머니는 설탕 대신 천연 감미료를 써서 맛과 모양은 똑같지만 혈당을 잡는 나만의 장아찌를 만들어주셨다. 요리프로그램의 쉐프처럼 전문적이고 화려하진 않지만 엄마의 요리는 늘 맞춤형이었다.

나도 엄마를 닮았다. 매운 음식을 좋아하는 남편용 떡볶이를 만들 때 소스를 넣기 전에 한주먹 정도만 옮겨 담아 케찹과 파프리카를 갈아 만든 소스를 넣어 아이용 떡볶이를 먼저 만든다. 조금 번거롭긴 하지만 그러면 식구들 모두를 만족시킬 수 있고 가족들은 다같이 즐거운 식사를 할 수 있다. 새로운 레시피도 아니고 어디 내놓을 음식도 아니지만, 우리 식구들에게 맞춤이 될 수 있는 푸드 소프트웨어들이 하나씩 쌓여간다.

다시 스튜디오로 돌아가 보자. 자신의 이름을 건 상품을 좀 더 자세히 보여주고 싶은 연예인에게 필요한 건 제품의 패키지가 될 수도 있고 제품을 담을 멋진 그릇이 될 수도 있다. 또는 자신이 아이들에게 해주었던 제품을 활용한 응용요리가 될 수도 있다. 어른들의 입맛에 맞춰 한 그릇 먹고 나면 땀이 시원하게 나는 매운 육개장을 만들었지만, 같이 먹고 싶어하는 아이를 위해 계란을 풀어서 주었다는 걸 보여주고 싶을 수도 있다. 그 이야기를 귀담아들어 그들이 원하는 시연을 반걸음 앞에서 도와주는 쇼핑호스트의 능력, 왠지 엄마의 배려와 닮아 있다.

내가 아는 것을 말하고 나를 빛내는 것도 중요하지만, 나와 함께 하는 사람들이 하고 싶은 이야기를 찾아 그들의 스토리를 빛나게 해주는 것도 쇼핑호스트의 멋진 능력이라고 생각한다. 이런 과정들은 데이터를 관찰하고 분석해 새로운 혁신을 만들어내는 것과도 같다. 정해진 생방송 시간 동안 소비자들이 원하는 것을 찾아내다 보면 구매로 이어지고, 구매의 결과는 수치가 되어 또 다른 데이터가 된다.

기술이 발전하고 시스템이 진화한다고 해서 모든 것이 과학으로 가능하다고 생각하지는 않는다. 기술이라는 단어와 시스템이라는 단어 사이에 보이지 않는 결이 있다. 그리고 그 결을 아주 잘 읽는 엄마라는 여성들은 얼마든지 비즈니스맨이 될 수 있다. 오히려 남성보다 월등할지도 모른다.

유리천장을
믿지 않은 사람들

혼히 여성의 성공이 얼마나 어려운가를 '유리천장 뚫기'라는 말로 표현한다. 하지만 유리천장을 믿지 않기에 스스로 비즈니스맨이 된 여성들도 분명히 존재한다. 특히 글로벌 회사에서의 여성의 성공은 많은 사람에게 좋은 본보기가 되었다.

IBM의 CEO 버지니아 로메티(Virginia Rometty)는 자신의 분야에서 뚜렷한 획을 그은 업계의 신화이다. 2012년 미국 타임지에서 뽑은 세계에서 가장 영향력 있는 100인으로 꼽히기도 했으며, IBM 최초 여성 CEO로서 가장 중요한 의사결정들을 이끌었다. 그녀가 IBM그룹 내 판매 전무로 근무하던 2010년에는 990억 달러를 초과하는 순익을 기록하기도 했다. 회사가 서비스와 소프트웨어 부문으로 지향점을 가질 수 있도록 중요한 역할을 하기도 했다. 2017년 9월에는 IBM의 인공지능 왓슨의 한국어 버전이 '에이브릴'이라는 이름으로 공개되기도 했는데, 한국 기업과의 오랜 협업으로 나온 결과였다. 한국어를 공부한 인공지능이 기업들을 대상으로 서비스하는 일이 가능해진 쾌거였다. 이런 왓슨의 성장을 뒷받침해준 이 또한 버지니아 로메티이다. 2011년 미국의 한 퀴즈쇼에서 인간과의 대결에서 승리하며 주목을 받았던 왓슨을 수익성 높은 비즈니스로 키운 것이다.

버지니아 로메티의 이런 성공은 결코 우연이 아니다. 시대를 한발 앞서서 분석한 그녀의 선견지명 덕분이었다. 흔히 인공지능의 시대가 오면 지금의 직업 중 70%가 사라질 것이라고 이야기한다. 하지만 그녀는 이렇게 일자리가 사라지고 나면 새로운 일자리가 생길 것이라고 내다보고 이를 대비해야 한다고 말한다. 그리고 이런 새로운 직업들의 생성과 확산 뒤에는 인공지능과 빅데이터, 초고속 연결망과 사물인터넷 등 새로운 기술들이 바탕이 될 거란 전망으로 비즈니스가 진행되고 있다. 물론 아직 그녀의 이런 분석과 전략이 수치적인 결실로 돌아온 것은 아니다. 매출 부진의 어려움도 뚫고 나가야 할 난관일 것이다. 하지만 버지니아 로메티 회장은 단호하게 이야기한다.

"편안함과 성장은 절대 공존하지 않는다. 기회가 오면 무조건 잡아라. 속으론 무서워 죽을 것 같을지라도 그 자리에서 수용하라. 그것과 싸우면서 성장하라. 벅찬 기회가 왔을 때 여자들의 제일 첫 반응은 '아직 제가 준비가 안 됐는데…. 더 생각해보고 말씀드려도 될까요?'다. 하지만 그따위 반응을 보이는 남자는 세상에 단 한 명도 없다. 내가 언제나 신선한 CEO일 수 있는 이유는 내가 잘 모르는 분야에 도전하는 데 겁먹지 않기 때문이다."

그녀가 어떻게 그 자리에 오를 수 있는지를 알 수 있는 말이다.

페이스북 최고운영자(COO, 2007년 취임) 셰릴 샌드버그도 유리천장을 박살낸 여성이다. 그녀 또한 2012년 타임지 '세계에서 가장 영향력 있는 여성' 12위에 선정될 정도로 성공한 여성의 상징이다. 그녀의 더욱 멋진 부분은 자신의 역량을 특별하고 남다른 것으로 규정하고 다른 여성들과 선을 구분 짓는 것이 아니라, 강연과 책을 통해 자신도 다른 여성들과 마찬가지로 고민하고 치열하게 노력한다는 인간적인 면모를 보여준다는 점이다.

그녀가 선 TED 강의는 아직도 많은 여성 사이에서 회자되는데, 그녀가 강조한 부분은 세 가지이다.

첫째는 많은 여성이 남성에 비해 돋보이는 데 주저하고 겸손을 미덕으로 생각하는데 이제는 당당히 자신의 역량이나 성과를 이야기하라는 것, 그래서 회의를 할 때에도 당당하게 회의의 중심이 될 수 있는 자리에 앉으라고 권한다.

둘째는 진심 어린 조력자를 만들라는 것. 가장 가까운 배우자와 가족의 지지를 받는 환경으로 만드는 것이 중요하다는 것이다.

셋째는 떠나야 할 때까지 떠나지 말라는 것. 자기 일을 그만

두어야 하는 날이 오기 전까지는 그것에 대해 미리 걱정하거나 업무에서 한발 물러서 스스로 뒤로 가는 일이 없어야 한다는 것이다.

그녀가 강조하는 세 가지를 들으면서 나는 그녀가 한국사람이 아닌가 싶을 정도로 공감했다. 가장 중요한 것은 이 모든 약속이 내가 회사에서 아등바등 인정받기 위함이 아니라 나 스스로 당당하게 비즈니스맨이 되어 내 인생을 사랑하며 일할 수 있게 하기 위해 필요하다는 것이다. 자신의 행복을 위해 일하고 있는가? 스스로 어떤 모습으로 일하고 있는지를 돌아보게 하는 대목이다.

"남자는 성공하면 사랑받는다. 그런데 여자는 성공하면 미움을 받는다. 동료에게도, 부하직원에게도 마찬가지다. 모든 문화와 계급을 막론하고 언제나 그렇다. 그러니 미움받을 배짱이 있는 철면피 여자들만 승진한다. 나머지는 도태돼 집으로 돌아간다. 우리 세대는 아마 이렇게 끝나버릴 것이다. 하지만 우리는 계속 변화를 추구하자. 적어도 우리 후배들은 성공한 상사가 되고 사랑도 받는 삶을 누리게 해주자." 그녀의 말은 곧 현실이 될 거라 믿는다.

루스 포랫(Ruth Porat)은 구글의 최고재무책임자(CFO, 2015년 취임)이다. 그 전에 모건스탠리에서 최고재무자로 일했다. 금융 분야는 여성 진출이 쉽지 않은 분야 중 하나일 것이다. 하지만 루스 포랫은 모건스탠리에서 근무하면서 미국의 금융 위기에 성공적으로 대처했다는 평을 받는다. 모건스탠리의 미 재무부 자문팀을 이끄는 한편 회사의 구조조정을 지휘한 성과로 2013년에는 오바마 행정부의 재무부 차관으로 거론되기도 했다.

루스 포랫은 "나는 일과 가정의 균형이라는 말 자체가 이상하다. 도대체 어떻게 하면 균형인가? 일이 많다면 일을 더 많이 하는 것이 당연하지 않은가? 나는 일 사이사이에 가족을 끼워 넣는다. 밤늦게 집에 가면 아이들이 테이블에 남겨놓은 메모를 읽는다. 필요한 요구사항들이고 나는 기꺼이 들어준다."고 이야기할 정도로 일 중독이다.

그는 2001년에 유방암 진단을 받고 건강을 잃어봤기 때문에 오히려 자신이 원하는 것을 좀 더 잘 들여다 볼 수 있었고 진실하게 대할 수 있었다고 한다. 매일 일터로 나갈 수 있다는 사실에 감사하고 행복해했다.

30년을 금융권에서 일한 루스 포랫은 실리콘밸리로 자리를 옮겼고, 구글에서 또 다른 성장을 도모하고 있다. 루스 포랫이 IT 전문매체와 인터뷰하면서 남긴 명언은 얼마나 그녀가 현실에 안주하지 않고 자신을 적극적인 비즈니스맨으로 규정하는지를 보여준다.

"우리는 비용이 아니라 우리를 위대하게 만드는 것, 즉 혁신에 집중한다. 기업의 가장 큰 리스크는 투자하지 않고 혁신하지 않는 것이다."

긍정하고 또 긍정해야 세상을 바꿀 수 있다

우리나라에도 많은 여성 리더가 있다. 그중에서도 환경에 관한 관심으로 새로운 공기청정기를 만든 에어비타의 이길순 대표를 꼽을 수 있다. 한국의 공기청정기 시장 규모는 매년 성장하고 있다. 나 역시도 집에 가습기며 공기청정기를 4대나 들여놓고 있다. 이러한 성장세에서 중소기업인 '에어비타'는 기존 시장의 고정관념을 버린 새로운 공기청정기로 국내외 시장의 한 획을 긋고 있다.

앞으로도 미세먼지 문제가 해결되지 않는 한 맑은 공기와 관련된 시장은 계속 확장될 것이다. 그런데 이와 같은 빅테이터를 자세히 들여다보면 가족들에게, 아이들에게 맑은 공기를 보장해주고 싶은 엄마들의 마음이 있다. 그런 행간을 정확히 읽은 사람이 바로 이길순 대표이다. 이 대표의 보물 중 하나는 에어비타를 사용한 소비자들이 보내온 편지다. 이 대표는 "우리 제품을 사용하고 비염이 나았다는 분부터 삶의 질이 향상됐다는 분까지 다양한 사연을 담은 편지를 종종 받아봅니다. 소비자들의 의견은 언제나 저에게 힘이 됩니다."라고 밝힌 바 있다.

이길순 대표는 에어비타를 창업하기 전만 해도 사회 경험이 없던 평범한 가정주부였다. 그런데 반지하에 살던 지인의 아기가 감기로 고생하는 모습에 너무 마음이 아팠고, 공기청정기의 가격이 고가라는 점에 착안해 접근성이 높은 제품을 만들어보자고 생각한 것이 창업의 첫 시작이었다. 물론 창업하면서 여러 가지 어려움이 있었다. 하지만 꿈을 향한 도전정신이 있었기에 이제는 독일에서도 인정받는 제품을 만들게 되었다.

에어비타의 모든 제품은 에어비타가 직접 특허를 얻은 'AICI(Airvita Ions-Ozone Complex Ionization) 기술'을 적용해 만들어졌다. 이 기술은 살균과 냄새 제거 등 공기를 정화하는 에어비타의 복합 이온화 기술이다. 에어비타는 2008년 독일 QVC홈쇼핑에서 준비한 16,000개의 제품이 '완판'되는 드라마를 썼다. 올해는 기업들 사이에서 또 하나의 신흥공략국으로 불리는 인도 시장 진출을 준비하고 있다.

한국 최초의 외환딜러 출신인 김상경 여성금융인네트워크 회장도 유리천장을 깬 여성이다. 그가 근무하던 시절에는 '결혼각서제'라고 해서 국내은행에서는 여성들이 결혼 후에는 직장생활을 할 수 없도록 하는 제도가 있었다. 여성에게 외환딜러라는 직업 장벽은 매우 높았다.

1979년 아메리카 익스프레스 은행에서 환 딜러를 시작한 그는 이후 15년 이상 외국계 은행에서 일했다. 그는 외국계 금융권의 실무를 후배들에게 가르쳐주기 위해 1995년에 한국국제금융연수원을 설립하기도 했는데, 한국국제금융연수원은 영국은

행협회와 파트너십 형태로 협약을 맺으면서 국제공인신용장전문가(CDCS), 국제공인보증서전문가(CSDG), 국제공인무역 전문가(CITF) 등 120개국에서 통용되는 국제자격증을 국내에 도입해 좋은 반응을 얻었다.

김 회장은 2003년에 금융권 내 여성 권익 향상을 위해 힘써보자는 취지로 여성금융인 네트워크를 설립했다. 그 후 14년간 분기별로 지속적인 모임을 가지면서 여성운동을 전개해왔다. 금융권에 진입한 여성은 많았지만 40대에 가서는 거의 그만둬서 여성임원은 전무한 상황이었기 때문이다.

김 회장은 다음과 같이 말하며 여성 금융인의 리더십이 필요한 시대라고 강조했다.

"여성들도 높은 직급에 도전하며 단단한 유리천장을 뚫고 올라가야 한다는 생각이었죠. 하루는 제 부하가 '이런 말씀 드리기 정말 힘들지만, 다른 부서의 장이 제게 그러더군요. 당신같이 똑똑한 사람이 왜 여자 보스 밑에서 일하냐고요. 여성 보스하고는 함께 일 못하겠다고 반기를 들라고….'라고 말하더군요. 세계적인 추세에 따라 한국도 개인과 조직 모두 다양성과 포용성을 지녀야 합니다. 아이디어가 경직되고 다양성이 부재한 사회에서는 유연한 사고가 불가능하기 때문입니다."

여성은 주로 리테일 분야, 즉 개인금융을 담당하는 지점으로 배치된다. 그래서 최고로 올라갈 수 있는 곳이 지점장이다. 금융

권의 여성들은 진입 시점에서는 거의 50% 정도에 달하지만 보육 문제나 비전이 보이지 않는다는 이유로 40대로 가면 17%대로 줄어든다. 그렇게 되면 소위 말하는 경력단절 여성이 되는데, 다시 금융권으로 컴백하기는 쉽지가 않다.

옛날부터 금융권에 취업하면 좋은 직장에 다닌다는 인식이 있다. 그러나 속을 들여다보면 업무 강도가 굉장히 강해서 육아와 직장을 같이 영위하기가 어렵다 보니 경력단절 여성이 많이 생겼다. 하지만 이제 한국의 금융계에도 변화의 바람이 불고 있다. 김 회장은 꾸준한 노력이 있다면 한국의 금융계에서도 이제 여성이 성공할 수 있다고 전망한다.

"직장생활을 하면서 일과 가정의 양립이 힘들어서 수없이 직장을 그만두고 싶은 마음이 생겼다. 그러나 그럴 때마다 나의 가치를 생각해보았다. 성공이란 태도에 달려 있다. 성공은 나의 내적인 데에 있다. 중요한 것은 긍정적인 사고방식일 것이다. 나는 늘 내가 위기에 처하면 누가 나를 도와줄 것이라는 신념이 있다. 내가 힘들다고 할 때에 누군가 나를 지켜보던 분이 나를 도와줄 것이라는 긍정적인 생각을 하게 된다."

<비즈니스 성공노트 ①>
무대공포증, 회의공포증 극복하기

1. 칭찬으로 시작하라

어떤 무대이든, 어떤 회의든 시작할 때 분위기를 주도해나가는 것이 중요하다. 방송에서도 가장 흐름을 좌우하는 것이 바로 오프닝 멘트이다. 작은 회의 자리든, 큰 무대든 먼저 상대에게 호감을 줄 수 있는 '칭찬'으로 시작하는 것이 좋다.

1) 공간에 대한 칭찬 2) 현재 분위기에 대한 칭찬 3) 상대의 선택에 대한 칭찬 등 다양한 각도로 접근해보자. 진심으로 장점을 찾는 행위만으로도 어느 정도 긴장이 풀린다. 공포증이라는 것은 귀찮음과도 연결되어 있다고 본다. 태만하게 아무 준비 운동 없이 경기에 나가면 온몸이 경직되고 사고 위험이 높을 수밖에 없다. 적당한 준비운동이 경기를 뛰는 선수에게 필수이듯 무대도, 회의도 마찬가지이다.

아무런 준비운동도 하지 않고 실전에 나가는 것은 공포증을 악화하는 일밖에 안 된다. 부끄럽더라도, 귀찮더라도 주변에 관심을 가지고 칭찬거리를 적극적으로 찾아라. 첫 인사를 위한 장점을 찾는 행위에서부터 긴장은 풀리고 공포증도 누그러들 것이다.

모 예능 프로그램의 MC가 녹화 전에 출연진의 새 영화 홍보팀에서 준비한 커피를 마셨다고 한다. 다른 출연자나 MC들은 으레 누가 간식으로 준비한 커피겠지 생각하고 아무 의문 없이 마셨지만, 그는 준비한 팀에게 꼬치꼬치 물어보며 어떤 배우의 무슨 작품을 위해 준비한 건지, 홍보의 중점이 뭔지, 맡은 배역은 뭔지 알아봤다. 그리고 녹화가 시작했을 때 그 이야기로 오프닝을 열어서 주변 사람들의 집중을 받으면서 자연스럽게 출연진의 근황을 첫인사로 활용했다. 무대공포증이 있거나 회의 시 자신에게 시선이 집중되는 것이 부담스러운 사람이라면 이렇게 주변을 칭찬하면서 말을 시작해보자.

2. 제스처와 눈빛을 미리 연습하라

무대에서 가장 힘들 때가 언제냐는 질문에 가수들은 '관객의 호응이 없을 때'라고 답한다. 우리가 회의할 때에도 마찬가지이다. 몇 날 며칠을 준비한 발표 자료의 반응이 냉랭하거나 적극적인 논의가 이뤄질 것을 기대했는데 회의 참석자들이 심드렁하면 갑자기 심장이 두근거리고 머리가 하얗게 변한다. 어떻게 이 뒤를 진행해서 상황을 타개해야 할지 막막해지면서 무대공포증, 회의공포증을 느낄 수 있다.

이런 상황을 막기 위해 함께 하는 사람들의 집중력을 높이고 관객, 참석자의 호응을 이끌어내는 방법이 있다.

첫째, 제스처를 사용하라. 제스처가 아직 어색하다면 TV나 인터넷에 나오는 전문강사의 강연을 벤치마킹하는 것도 좋다. 나는 아직까지도 잡지나 인터뷰에 나오는 유명인들의 자연스러운 포즈를 찍어서 핸드폰에 저장해놓고 종종 본다. 손은 어떻게 자리잡는 것이 자연스러운지, 다리는 어느 쪽으로 하는 것이 보기 좋은지 다른 사람들의 방식을 공부하는 것이다. 무대 위 움직임도 마찬가지다. 어떤 식으로 사물을 가리키는지, 자료를 들고 있다면 어떻게 핸들링하는지, 참석한 사람들을 어떻게 지칭하는지를 보고 따라 하자.

둘째, 눈빛을 정확히 각각의 개인에게 던져라. 허공을 무의미하게 응시하거나 한쪽만 힐끔힐끔 보지 말고 눈빛을 골고루 분배해야 한다. 자신의 이야기에 고개를 끄덕이는 쪽이 있다면 그쪽을 향해 좀 더 시선을 주자. 그러다 보면 호응이 더 강해진다. 웬만하면 아래를 너무 오래 쳐다보지 않는 것이 좋다. 시선에 자신이 없다면 도수가 없는 안경을 활용하는 것도 팁이지만 제일 좋은 것은 적극적으로 아이컨택을 하는 것이다.

요즘은 직업 중 전문 프레젠터가 있을 정도로 발표를 주 업무로 하는 사람들이 있다. 이런 사람들은 한결같이 연습을 충분히 하고 경험을 쌓는 것이 중요하다고 말한다. 결국 가장 기본이 되는 이 두 가지 팁조차도 연습이 필요하고 실전에 계속 적용해보는 시도가 중요할 것이다.

공포증이라는 단어에서부터 벌써 땀이 나고 손에 쥐가 나는 것 같은 느낌을 받는다면 생각부터 바꿔보자. 무대에 서는 일도, 회의에 나서는 것도 화살을 맞기 위한 고통스러운 자리가 아니라 결국은 '내 사람을 만드는 자리'라고. 위기야말로 기회가 될 수 있다.

2장

일하는
여자를 위한
워라밸 플랜

1년의 치열함으로
10년을 우아하게 산다

600:1

내가 스물다섯 살에 회사에 입사하면서 들었던 경쟁률이다. 단 7명의 최종 합격자가 동기가 되었으니, 총 4,000명이 넘는 지원자 중 기회를 얻은 것이다. 얼마나 감격스러웠는지! 아직도 그때의 최종합격 통보 메일을 보관하고 있을 정도다. 그리고 2005년부터 신입 쇼핑호스트로 회사 생활을 시작했다.

방송 현장은 집에서 보던 것과는 많이 달랐다. 특히 이미 활동하고 있는 쇼핑호스트들은 멋지고 화려했다. 정말 연예인처럼 보였다. 그러면서 자연스럽게 드는 의문은 '왜 내가 뽑혔을까?'였다. 나는 예쁘지도, 키가 크지도 않았기에 당시에는 자격지심에서 시작한 자문이었다. 하지만 그 뒤 하나둘 후배가 들어오고 나도 선배가 되면서 이 질문이 굉장히 중요한 키워드라는 점을 깨달았다.

한 명의 신입사원, 한 명의 조직원을 뽑고 그 사람을 회사의 인재로 성장시키고 업무를 진행시키는 데 회사는 큰 비용과 시간을 투자한다. 그런데 선풍기 돌려서 제일 멀리 나간 시험지의 주인을 뽑는 것 같은 우연한 선발이 있을까? 결국, 아무런 이유 없이 합격하는 사람은 없다는 것이다.

이미 많은 사람을 채용해온 이 회사가 하필이면 이 시기에, 왜 나를 뽑았는지, 내가 이 회사에서 어떤 이익을 창출할 수 있는지에 대해 스스로 거울 보듯 묻고 답하는 과정이 필요하다. 이런 과정은 자신에게 자신감을 불어넣는 과정이자 앞으로 1년 동안 스스로의 목표를 잡는 데 도움이 된다. 입사 후 1년을 유익하게 보내는 데 필요한 몇 가지 팁을 알려주겠다.

첫째, 비전과 계획을 작은 종이에 적어 갖고 다닌다

비전을 크게 갖자. 그리고 이 비전을 위해서 어떤 노력을 할 것인지 구체적으로 계획을 세우자. 구체적인 계획을 세우는 건 자신의 가치나 지향점을 이루는 발판이 된다. 수많은 신입사원이 지금 이 순간에도 신문 스크랩만 하다가 하루를 끝내거나 점심 먹을 식당, 회식할 장소만 잡다가 하루를 끝낸다.

하지만 그렇다고 해서 꿈을 낮춰 잡지는 말자. 입사 후 1년 동안의 우리가 세운 목표와 계획이 모두 이뤄지는 것도 당연히 불가능하지만, 이런 목표와 계획도 없으면서 뭔가가 나아지길 바라는 것은 어불성설이다. 지금 당장 내가 1년간 이루고 싶은 비전이나 계획을 종이에 쓰고 늘 갖고 다니는 수첩이나 가방에 넣고 다니자. 개인적으로 이루고 싶은 것도 좋고, 회사에서 1년 뒤 이루고 싶은 계획도 좋다. 남에게 보여줄 것이 아니니 솔직하게 쓰자.

1년 뒤 나의 모습, 그리고 1년 뒤 내가 서 있을 지점에 대해서 미리 상상하라. 지금 우리는 새로운 나라로 여행을 왔다. 그렇다면 아무런 계획이나 지도 없이 여행하는 것과 준비하고 계획을 세워서 여행하는 것과는 차이가 있을 것이다. 새로운 나라의 아름다움과 매력을 100% 느낄 수 있도록 최선의 노력을 다하자. 분명 입사 2년 차가 된 당신의 모습은 꽤 만족스러울 것이다.

회사에 다닌 지 햇수로 14년이 되는데, 누군가 나에게 직장을 다니면서 가장 중요한 시기를 묻는다면 무조건 입사 후 1년을 꼽을 것이다. 초기의 1년만큼은 나의 10년을 좌우한다는 마음으로 시간과 노력을 투자했다.

학생 때도 새벽에 집중력이 가장 좋은 편이라 회사에 다니면서도 새벽 시간을 많이 투자했다. 입사 초기에 회사는 목동이었고 우리 집은 잠실이었는데 출근하는 시간이 아까워서 1년 동안은 회사 근처 고시원에서 생활했다. 출퇴근 시간을 줄이고 새벽에 혼자 회사에 나와서 나만의 워밍업을 했다. 회사 지하 구석에서 발성 연습도 하고 선배들 방송 준비 과정도 모니터링하고, 그날 하루 회사에서 판매되는 상품들을 미리 살펴보기도 했다.

후배들이 들어올 때마다 내가 강조하는 첫 번째가 시간인데, 흔히 이 시간의 소중함을 잘 모르는 것 같아 안타까울 때가 많다. 입사나 창업의 초기 1년은 차후의 1년과는 질적으로 얻는 성과가 다르다. 자신의 업무는 물론 비즈니스 전반에 관한 능력을 키울 수 있는 시기가 바로 이 1년이다.

어떤 업무를 하던 회사가 가지고 있는 시스템을 처음 접하는 시기, 그리고 모든 상황을 관찰자의 시점과 당사자의 시점이 교차되는 감각으로 볼 수 있는 시기가 바로 이때이기 때문이다. 기존의 시스템에 적응하면서도 시스템이 가지고 있는 문제점을 가장 날 것으로 볼 수 있는 시기이기 때문에 매너리즘에 빠져 있지 않은 신입사원들의 아이디어는 신선할 때가 많다. 현실성이 떨어진다 하더라도 귀 기울여 듣는 이유이다.

이때의 감각이 무뎌지지 않도록 훈련을 하는 것이 중요하다. 배울 점이 있다면 과감하게 흡수하고 잘못됐다고 생각하거나 관습적으로 행해져 왔던 것들에 대해서는 다시 한 번 살펴보자. 그리고 내가 세웠던 비전과 1년의 목표를 위해 어떻게 행동하는 것이 좋은가를 기준으로 삼아 행동하자. 아무런 기준도 없이 움직이는 1년과 차별점을 두는 것이다.

둘째, 경험 노트를 작성하자

일단 적자. 1년 동안 회사에 다니면서 느끼는 부분들을 그때 그때 나름의 노트에 적어두자. 불만이 있을 수도 있다. 하지만 그 불만은 일단 나만의 노트에 적어두고, 노트를 덮은 뒤에는 회사 조직과 업무의 기본 구조를 파악하는 데 집중해야 한다.

그리고 부서와 자신의 업무의 핵심을 자세히 파악해야 한다. 그 뒤에 노트를 열어 내가 적어두었던 불평이나 불만, 의문점들을 다시 읽어보자. 이미 원인을 알게 된 경우도 있고, 해결책이 보이는 일도 있을 것이다. 또는 상사에게 "그래서 뭐가 문제인 거 같은가?"라는 곤란한 질문을 받았을 때에 좋은 힌트가 되기도 한다. 기존의 조직을 마구 비난하는 게 아니라 더 나은 지향점을 위한 보완점을 찾으려는 신입사원이라는 인식을 줄 수 있다.

또한, 입사 후 1년이야말로 누구에게든 쉽게 물어보고 빨리 배울 수 있는 시기이다. 연차가 쌓이면 회의를 하거나 업체와 미팅을 할 때 모르는 걸 손 들고 물어보기가 점점 어려워진다. '당연히 알 거라고 생각할 텐데…' 싶어 동료의 눈치가 보이기도 한다. 하지만 입사 후 1년만큼은 예외다. 선배들에게 가장 많은 걸 물어볼 수 있는 시기가 바로 이때이다.

우리는 업무 특성상 입사 후 대략 1년이 지나면 본격적으로 각자 스케줄이 나온다. 물론 그전에도 조금씩 짧은 필러 촬영을 하거나 외부로 출장 촬영을 가기도 한다. 어느 정도 익숙해졌다

싶으면 생방송에 서브 쇼핑호스트로 투입된다. 그리고 생방송에서 선임 쇼핑호스트와 함께하며 여러 가지를 배운 뒤 1~2년이 지나면 본인이 메인 호스트가 되어 방송을 이끌어 간다. 후배와 함께 할 때도 있고 전문 게스트와 함께 할 때도 있다.

이 시기가 되면 각자의 스타일대로 방송을 준비하는 걸 존중해준다. 자유를 얻는 듯하지만, 오히려 이때부터가 진짜 전쟁이다. 준비할 수 있는 시기에 준비가 되어 있지 않으면 방송에 들어가서 중구난방 아무 말이나 하고 나오기 일쑤다. 내가 무엇을 팔았는지, 어떤 설득을 했는지도 오락가락한다. 그래서 1년 정도는 선배를 따라다니며 방송 준비하는 과정, 상품 미팅하는 과정, 방송 후 피드백 등의 다양한 과정을 어깨너머로 배워야 하는 것이다.

그렇다 보니 사실 가장 많이 혼나는 시기도 입사 후 1년이다. 나도 그랬다. 선배의 질문에 엉뚱한 답을 할 때도 있고 미리 준비해놔야 할 부분을 깜박하기도 했다. 그런데 꾸중 때문에 스트레스 받을 필요는 없다. 신입사원이 어리숙한 것이 당연하기 때문이다. '내가 왜 이러지? 나는 왜 이렇게 못하지?'라는 비관적인 생각이 들 때는 일단 눈앞에 놓인 당면한 과제에 집중하면 된다. 그러면 어렵게 생각되던 문제들이 하나씩 서서히 해결된다.

그렇다고 해서 무조건 낙관하라는 건 아니다. 선배나 협력업무자의 지적에 관해서는 귀 기울여 듣고 적극적으로 대처해야 한다. 그렇지 않으면 실패를 반복하게 된다. 한두 번의 실수는 누구나 할 수 있다. 실수가 습관이 되지 않게 훈련하는 시기가 바로 입사 후 1년인 것이다.

셋째, 메모하고 분류하자

쇼핑호스트는 방송 전에 챙겨야 할 것이 많다. 부조실의 피디와 소통할 때 필요한 이어피스도 챙겨야 하고, 방송 때 신는 구두나 스타킹도 상황에 맞춰 직접 챙겨야 한다. 수정분장을 위한 도구라든지, 생방송 때 즉시 수정해야 할 사항도 생기므로 필기구도 기본이다.

스튜디오에 들어서면 꼼꼼히 확인해야 할 것들이 있다. 핸드폰이 켜져 있는 건 아닌지, 바닥에 물이 있지는 않은지, 방송 때 진행할 피켓이 순서대로 되어 있는지, 요리 시연을 위한 도구들은 모두 매대에 올려져 있는지 등을 체크해야 한다.

그런데 이런 과정을 처음 접하다 보면 미처 챙기지 못하고 아차 싶을 때가 있다. 먹는 모습을 보여주고 싶은데 수저가 없기도 하고, 피켓의 순서가 뒤죽박죽되어 있어서 시청자들에게 보여주지 못한 적도 있다. 미리 카메라 감독과 어떤 식으로 걸어 들어와서 이야기를 시작할지 동선을 맞춰봐야 했는데 깜박해서 모두를 당황하게 한 적도 있다. 괜찮다. 처음부터 완벽할 수는 없다. 대신 실수가 반복되는 횟수를 줄여나가면 된다. 그러기 위해서는 실수가 재발하지 않도록 나만의 시스템을 만들어야 한다.

누구나 실수할 수 있다. 그러나 실수를 반복하면 무능력이 된다. 재발을 방지하기 위해 나만의 방법을 만들어보자. 나만 알아볼 수 있는 체크리스트를 작성한다든지, 요즘 시대답게 휴대폰 알람을 활용한다든지, 포스트잇에 적어서 이미 실행한 건 제거하는 방법도 괜찮다.

의외로 쇼핑호스트들은 방송에 들어가기까지 꽤 많은 협력업체 및 부서들과 미팅을 하는데, 미팅 때마다 깜박하고 참석하지 않는 후배가 있었다. 처음에는 미팅이 끝난 뒤에야 전화나 문자로 이런저런 변명을 하길래 '그래, 그럴 수 있지'라고 생각했는데 매번 미팅 때마다 늦고 다른 선배와의 방송에서도 불참을 반복했다는 이야기를 들으면서 그 후배의 성실성에 의구심을 갖게 되었다. '메모만 제대로 해놔도 같은 실수를 반복하지 않을 텐데'라는 아쉬움이 들었다. '이 정도쯤이야 괜찮겠지'라는 생각이 습관으로 박혀버린 것이다.

이런 실수를 막기 위해 입사 1년 동안 다져놓기 좋은 습관 중 하나가 메모하기이다. 학교에서도 보면 노트에 메모를 정말 잘하는 친구들이 있는데, 시험 때 그 친구들의 메모는 거의 보물이다. 잘 되어 있는 메모를 보면 심지어 그 당시 상황까지 떠오른다. 수업 내용뿐만 아니라 일상에서 머릿속에 스쳐 지나가는 생각이나 아이디어들도 메모를 잘해놓으면 시간이 지난 후에 뜻밖의 일에서 힌트가 된다.

그리고 이 메모들을 나만의 카테고리별로 분류해놓는 작업도 동시에 해야 한다. 그렇지 않으면 나중에 메모들을 보려고 할 때 혼란스러울 수 있다. 예습과 복습을 한다는 마음으로 하루 동안 내가 메모해놓은 내용을 잘 분류해놓자. 메모가 쓰레기가 되느냐, 보석이 되느냐는 분류를 얼마나 잘하느냐에 달렸다.

지금까지 알려준 방법들은 내가 입사 1년 때에도 적용했고, 이후에 멘토링 과정에서 직접 적용해본 실전 방법들이다. 아직도 내 책장에는 다양하게 분류된 보석 같은 자료들이 있고, 그 덕분에 10년이 넘은 지금 나는 어떤 상품을 맡든 당황하지 않을 수 있게 되었다. 이 자료들은 든든한 아군이기도 하고 나의 초심과 비전, 입사 후 달려온 모습들이 담겨 있어 더욱 소중하다.

물론 나는 아직도 부족한 면이 많고 20년, 30년, 평생을 비즈니스맨으로 살기 위해서는 보완해야 할 점도 많다. 하지만 입사 후 10년이 지난 지금 나의 모습에 꽤 괜찮은 면이 있다면 그건 입사 후 1년의 치열함이 헛되지 않았기 때문일 것이다.

직장은
가장 좋은 학교다

당신에게 비즈니스맨이 되려는 꿈이 있다면 지금의 직장은 가장 좋은 학교다. 나에게 부족한 것을 채울 수 있는 절호의 기회다. 나는 회사에 다니다가 창업을 하는 사람도 많이 봤고, 협력업체로 스카웃되어 제품 개발이나 마케팅 부분에 큰 몫을 하는 사람들도 종종 봤다. 이런 사람들은 현재의 위치에 안주하는 일이 없다. 오래간만에 다시 함께 상품을 방송하게 돼서 만났는데 이전보다 훨씬 감각이 날카로워져 있거나 트렌드나 자기 분야에 전문가가 되어 있는 경우도 있었다. 뭔가 야무지다는 느낌은 있었지만 딱히 일을 잘 기획하거나 정리하진 못했는데, 다시 만나 보니 회의 때 논의를 잘 정리하거나 상품 완판을 위한 기획을 당당하게 제시하는 사람도 있었다. 안 본 사이에 자신의 자리에서 뭔가를 얻었다는 신호다.

회사에 다니면 다양한 분야의 사람들과 협업하게 되는데, 이 과정에서 자신이 진짜 하고 싶은 일을 찾기도 한다. 꼭 모든 걸 직접 경험할 필요는 없다. 타인을 보면서 간접 경험을 하는 것으로도 많은 것을 배울 수 있다. 대신 그러려면 모든 관계에 깨어 있어야 한다. 배우려는 자세가 되어 있어야 한다는 뜻이다.

이 과정이야말로 평생을 비즈니스맨으로 살기 위한 초석이 자, 학교에서는 결코 배울 수 없는 것이다. 비즈니스가 현실이 되고서야 보이는 것이 많기 때문이다. 책을 벗어나 사람들과 부딪히면서 진짜 나를 발견하는 것이다. 학비는 내지 않아도 된다. 오히려 월급을 받으면서 나의 재능을 발견할 수 있다.

직장은 실전을 위한 학교다

원론적인 것은 학교에서 배울 수 있다. 고등학교에서는 문과와 이과를, 대학교에서는 전공을 선택한다. 이론적이고 기초적인 것을 배울 수 있는 공간이 학교다. 학교라는 울타리 안에서 학생이라는 이름으로 보호받으며 많은 것을 준비할 수 있는 시간이 학창시절이다.

직장에 입사하면서부터는 실전이다. 방송을 하는 목적이나 방송을 보는 시청자들의 목적이 학교와 직장은 다르다. 모든 업무의 담당자와 책임자가 정해지고 판단에는 반드시 책임이 따르기 시작한다. 어떤 업무든 수익이나 손실로 결과물이 나오기 때문이다. 나 역시 방송에 관한 여러 책을 보기도 하고 동아리 형태로 방송을 접하기도 했지만, 실제 회사에서 생방송을 시작하면서 실전은 완전히 다르다는 걸 깨달았다. 실전의 방송은 보는 것과 다르고, 또 하면 할수록 물리적 횟수와 비례해서 확실히 실력이 는다.

　대학교 후배 중에 리포터를 하게 된 후배가 있었다. 아직 재학 중이기도 하고 자기 생각에 현장리포터를 하기엔 실력이 부족한 것 같아서 못하겠다고 사양할까 한다는 이야기를 하길래 적극 말렸다. 일단 가서 현장을 경험하는 것이 훨씬 많이 배우는 길이고, 또 하다 보면 정말 방송 쪽으로 진로를 잡고 싶은 건지 알게 될 테니 일석이조라며 부추겨 하게 했다. 이후에 후배는 초보 리포터이다 보니 현장에서 많이 혼나기도 했지만 그 덕에 많이 배우고 미래에 대해서도 더 진지해하게 생각할 수 있었다고 말했다.

　모니터링만 열 번 하는 것보다 한 번을 하더라도 직접 진행해 보는 게 낫고, 여러 상황에 대해서 귀로 듣고 외우는 것보다 직접 겪으면서 대처해야 훨씬 더 기억에 남고 많이 배운다. 학교에서는 숙제처럼 생각했던 일들이 직장에서는 또다시 같은 실수를 하지 않기 위해서라도 점검해야 할 필수 체크리스트가 된다. 실전에서는 나의 실수가 타인에게 직접적인 피해가 되기도 하기 때문이다. 그러다 보니 직장에서는 그동안 학교에서 배웠던 것들을 좀 더 섬세하게 준비하고 정확하게 적용해야 살아남을 수 있다.

그리고 이런 과정은 학교에서보다도 더 냉정하게 평가된다. 개인의 인사평가 근거가 되기도 하고, 조직개편 시 팀에 필요한 인재인지, 방출의 대상인지 판단 기준이 되기도 한다. 심하게는 정리해고의 이유가 되기도 한다.

직장에서 제대로 준비되어 있지 않은 사람이 겪게 되는 상황들은 상상 이상이다. 그리고 모든 상황은 스스로 책임져야 한다. 직장은 한명의 사회인으로 온전히 서게 되는 실전편이다.

직장은 관계의 학교이다

대학에 입학하고 나면 큰 이유가 없는 한 많아야 3년 또는 5년 정도 나이 차이가 나는 사람들과 주로 만나게 된다. 한 학년 위 선배와 수업을 듣기도 하고 그 이상 되는 선배들과 동아리 활동을 하기도 한다. 남자는 군대를 다녀오기도 하고, 요즘은 휴학이나 어학연수를 해서 좀 더 차이가 나기도 하지만 대부분 비슷한 세대의 사람들과 어울려 지낸다. 그래서 기본적인 정서가 비슷하고 시대적 공감대가 자연스럽게 형성된다.

학교가 가로축으로 인간관계를 넓히는 공간이었다면 직장은 세로축까지 확장되는 공간이다. 대학을 졸업한 신입사원이 처음 팀에 발령되면 위로 10년도 더 차이가 나는 선임도 있고 그보다 더 차이가 크게 나는 팀장을 만나기도 한다. 그리고 그 사이에 각

세대별 직장 동료가 층층이 있다.

업무 코드도 다르고 유머 코드도 다르고 생활패턴도 다른 사람들과 한 공간에서 팀이 되어 생활한다는 것이 얼마나 어려울까? 그동안에는 비슷한 또래의 사람들과 어울렸고, 어릴 때에도 비슷한 경제 구조를 가진 사람들과 한 동네에서만 어울렸는데 이제 새로운 조직에서 다양한 관계를 배우게 되는 것이다. 심지어 이런 생활백서는 가르쳐주는 곳도 없다. 스스로 적응해나가는 수밖에 없다. 업무를 잘해내는 것만큼이나 인간관계에서도 '괜찮은 존재'가 되어가는 과정이 필요하다.

'괜찮은 존재'라니, 얼마나 애매하고 모호한 표현인가! 하지만 직장에서는 정말 이 표현이 딱 들어맞는 관계들이 있다. 가로의 세대와 세로의 세대를 잘 연결하면서 인간관계의 시너지를 보여주는 사람들이 있다. 다른 세대의 사람들과 함께 대화하고 일하면서 상대를 이해하게 되고 관계 맺음의 소중함을 알게 된다.

세상이 확장된다는 것을 느껴보길 바란다.

비즈니스맨을 위한 학교

일의 성과를 얻어가든, 사람을 얻어가든 결국은 내가 조직에서 시간을 어떻게 보내는가에 달렸다. 비즈니스맨이 되기 위한 좋은 자질이 있어도 스스로 행동하지 않으면 어떤 조직도 당신을 위한 배움의 장이 될 수 없다. 오히려 업무 시간이 고통스럽고 월급으로 하루하루 겨우 버티는 삶이 될 것이다.

비즈니스맨으로서 가치를 인정받고 몸값을 제대로 받길 꿈꾸는 신입사원이라면 초심을 잊지 말자. 그리고 그 마음 그대로 지금의 조직을 당신이 선택한 최고의 학교라고 믿자. 하나라도 더 절실하게 파고들어야 배울 수 있다. 조직 안에서 성공할 수 있어야 조직 밖에 나와서도 성공할 수 있다.

나를 성장시키는
멘토 활용법

홈쇼핑에서 날씨가 추워지면 방송하는 것 중 하나가 바로 용대리 황태다. 우리나라의 가장 추운 지역에서 얼었다 녹았다를 반복하며 명태가 포슬포슬해지는 게 황태인데, 이 황태는 바짝 말린 상태로 판매되니까 집에서는 물에 충분히 불려서 기름 자작하게 두른 팬에 양념을 바르고 구워 먹거나 깔끔하게 황태국으로 끓여 먹으면 제맛이다.

물을 머금고 부풀어 오른 품질 좋은 황태는 단면이 마치 패스추리처럼 겹겹이 쌓여 있고 손으로 누르면 푹신푹신하다. 그래서 방송 때 황태를 들고 화면 너머 고객들이 황태의 단면을 확인할 수 있도록 잘 보여주는 시연이 중요하다. 쉬운 듯 보이지만 어디를 어떻게 누르느냐의 미세한 차이에 따라 보이는 효과가 천차만별이다. 홈쇼핑은 이렇게 시연의 마케팅이다 보니, 보면 빠져 드는 동작을 연구하는 것도 쇼핑호스트의 역량이다.

처음 멘토 선배와 황태 방송을 들어갔을 때 일이다. 이전 황태 방송도 충분히 모니터링하고 준비한다고 했는데 이상하게 황태의 결이나 품질이 제대로 보여지지 않는 거다. 나름 흉내를 내는데 오히려 누르면 누를수록 마치 내 손이 황태를 마구 뭉개고 있는 것처럼 화면에 나왔다.

멘토 선배는 나를 지도하는 내내 언제나 먼저 해볼 수 있게 기회를 줬다. 그리고 왜 안 되는지에 대해 스스로 생각해볼 시간을 주고 그다음 본인이 시연을 보여주거나 답을 알려주는 식이었다. 이날도 첫 번째 시연 실패 후 선배의 시연을 보면서 왜 나의 시연이 실패했는지 깨달을 수 있었다. 마치 외과수술처럼 어느 부분을 누르느냐에 따라 보이는 단면이 천차만별이었던 것이다.

여기까지는 누구나 생각할 수 있는 멘토링이다. 멘토링은 이렇게 멘티의 자기 주도성을 길러주는 방식과 멘티에게 먼저 해결 방안을 제시한 후 선택하게 하는 방식이 있는데, 대부분 틀린 걸 지적하고 고쳐주는 방식의 멘토링을 많이 실행한다. 내가 감사했던 건 이 과정에서 멘티가 감정적으로 무너지지 않도록 존중해준 멘토의 배려였다. 아직 직무능력이나 전문성이 떨어지는 멘티가 '지적받고 있다'에 포커스를 두지 않고 '어떻게 문제 해결을 할 것인가'에 집중할 수 있게 코칭해주었던 것이다. 그 덕에 우리의 멘토링에는 깊은 신뢰가 쌓일 수 있었다.

신뢰를 바탕으로 한 멘토링은 멘티로 하여금 멘토의 많은 것을 따라 하고 싶게 만든다. 그동안 과거의 멘토링은 도제라는 이름으로 스승과 제자의 관계였고, 꾸짖음과 자기반성을 통한 자기 분야의 직무 능력 향상을 목표로 해오는 경우가 많았다. 하지만 최근 현장에서 다양한 방식의 멘토링이 확산되면서 이제는 직무 역량 향상뿐 아니라 인간관계까지도 향상되어 행복한 감정을 느낄 수 있게 하는 멘토링이 확산되고 있다. 비즈니스 세계에서 멘토의 업무 능력뿐 아니라 태도까지도 배우고 싶어지는 코칭이 늘고 있는 것이다.

작가지망생들이 자신이 좋아하는 작품을 처음부터 끝까지 따라 쓰면서 훈련하는 것을 필사라고 한다. 자신의 작품을 만들기 전에 좋아하는 작가의 작품을 그대로 써보면서 문장의 유려함과 행간의 의미까지 손에 익히는 작업이다. 그런 것처럼 좋은 멘토는 직무 기술뿐만 아니라 비즈니스의 현장에서 보여주는 모든 것을 따라 하고 싶게 하는 사람이 아닐까?

그래서 나는 업무의 기본을 파악하고 목표와 계획을 세우는 데 가장 좋은 지표는 좋은 멘토를 만나는 거라고 생각한다. 좋은 멘토를 만나면 훨씬 많은 것을 제대로 배울 수 있다. 물론 멘토는 답을 주는 사람이 아니다. 다만 전문가로서 멘티에게 나침반이 되어줄 수 있다. 나는 멘토에게 방송과 홈쇼핑 유통에 대한 기본

적인 것들을 차근차근 배운 덕분에 쇼핑호스트로 순탄한 출발을
할 수 있었다.

좋은 멘토는 단순히 업무만을 가르치지 않는다. 심리적인 나
침반 역할까지도 할 수 있다. 자기 생활과 말로 설명할 수 없는
것들까지도 멘티들에게 흡수될 수 있도록 돕는다. 나의 멘토는
상품을 분석하는 법, 시장의 니즈를 파악하는 법, 방송의 A부터
Z를 하나하나 가르쳐주면서 내가 쇼핑호스트의 전문성을 갖추
도록 도와주었다.

성공적인 멘토링의 비밀

어느 정도 연차가 쌓이자 이제 내가 멘토가 되고 오히려 멘티
를 배정받는 일이 생겼다. 지금까지 해마다 입사하는 신입사원
중 일부를 멘티로 맞이했다. 그러면서 더욱 멘토링을 어떻게 해
야 하는가 고민하게 됐다. 어떤 때에는 두 아이를 둔 주부를 멘티
로 맞기도 했는데 지금까지도 기억에 남는다. 부족한 발성과 발
음 연습을 매일 집에서 해오라고 조언했을 때 '저는 집에서 아이
가 공부해야 해서 발성과 발음 연습을 못합니다'고 답변했기 때
문이다. 꼭 이 사례뿐만이 아니라 멘토링을 하다 보면 아무리 코
칭하려 해도 멘티가 따라오지 못하는 경우가 있다. 결국, 멘토링
은 멘토와 멘티의 의지가 가장 중요하다. 우리는 매일 회사 지하
실에서 만나서 신문 사설을 소리 내서 읽는 연습을 했다. 다행히

의지가 잘 맞았고 그때의 멘티는 현재 멋진 현장의 쇼핑호스트가 되었다.

현장에서 경험하면서 쌓인 노하우를 매년 비슷하게 알려주지만 받아들이는 사람에 따라서 결과는 천차만별이었다. 멘토링 성공의 절반이 멘토의 몫이라면 나머지 절반은 멘티의 몫이다. 결코, 어느 쪽도 수동적이어선 안 된다.

멘토링 기간 동안 스스로 비즈니스맨이라는 주도적인 마인드 없이 그저 선배가 하는 걸 따라 하고 아무 생각 없이 미팅에 참여하는 사람은 멘토링 기간이 지겹고 귀찮을 뿐이다. 어떻게 하면 따라다니지 않고 편할 수 있을까만 고민하는 것이 멘토의 눈에는 보인다. 하지만 멘토링 기간 동안 멘토를 비즈니스의 롤모델로 생각하고 따라잡으려고 노력하는 멘티에게는 엄청난 성장이 있다. 이러한 멘티는 질문이 많다. 스스로 멘토를 따라 하려고 노력하면서 저절로 "왜?"라는 질문이 생기기 때문이다. 적극적으로 질문하던 멘티가 있었는데, 굉장히 짧은 기간에 성장해서 놀란 적이 있다. 이 우수한 멘티는 멘토링 기간 동안 멘토인 나를 믿고 경청해주었다.

이처럼 성공적인 멘토링 경험은 멘티뿐만 아니라 멘토까지도 다시 한 번 성장하게 한다. 멘토로 하여금 안주하지 않고 새로운 것을 계발하게 하기 때문이다. 그리고 코칭의 질문과 답변 과정에서 다시 한 번 자신의 비즈니스 가치관이나 지향성을 확인하게

된다. 그래서 멘토링은 조직의 관점에서도 효과적이다.

나는 멘토링의 효과를 확신하게 되면서 전문 멘토링에 대한 관심이 생겼고 멘토링은 조직을 넘어 사회에까지 긍정적인 효과가 있다고 믿게 됐다. 그래서 나는 시간이 날 때마다 아직 비즈니스 현장에 진입하지 않은 학생들을 만나 멘토링을 하게 됐다. 다양한 교육재단이나 시설에서 재능 기부라는 이름으로 코칭을 진행하면서 멘토링에도 특성을 고려한 다양한 단계의 차별화된 멘토링이 필요하다는 걸 배우고 있다. 각각 수준이 다른 멘티들에게 자신감과 긍정적인 기대감을 키워주려면 각자의 능력과 의지를 철저하게 고려해야 한다는 것이다.

나는 주로 질문을 통해 멘티를 자극하고 스스로 답을 유도해내는 방식의 코칭을 한다. 내가 이 방식을 선택한 이유는 질문을 어떻게 하느냐에 따라서 멘티가 상상하는 범위가 너무나 다르기 때문이다. 같은 분야에서도 질문의 단계를 나누어서 진행하는 것이 중요하고, 그 질문은 단답형으로 끝나는 것이 아닌 멘티의 상상력과 창의력을 자극하는 질문이어야 한다.

그리고 지금 현장 곳곳에서 멘토링을 하고 있는 멘티들에게는 멘토링을 통해 더 많은 걸 얻을 수 있는 세 가지 중요한 포인트를 알려주고 싶다.

첫째, 나보다 나은 사람의 작은 것까지 보고 배우려는 욕구를 반드시 가져라. 그들이 어떤 것을 먹고 어떤 것을 쓰는지까지도 관찰하라. 만약 롤모델이 마땅치 않다면 자신이 읽는 잡지의 카피 한 줄, 광고 한 장까지 열심히 보라. 그러다 보면 세상을 멘토로 삼을 수 있다.

둘째, 물어보는 걸 부끄러워하지 마라. 나는 쇼핑호스트가 되고 현장 탐방을 정말 많이 다녔다. 전국 곳곳 특산물이 나오는 지역부터 축제 현장, 그리고 심지어는 소와 닭을 도축하는 현장까지 다녔는데, 이런 현장에 가면 모르는 것투성이다. 축산물의 부위라든지, 지역 음식의 특징 등은 책에도 안 나오는 정보들이다 보니 모르는 것이 당연했다. 그런데도 현장의 사람들에게는 너무나 당연한 일이어서 물어보면 '그것도 몰라요? 아직 미숙하구만'이라는 느낌의 답을 들을 때가 있다. 그러면 나도 모르게 묻지 않고 눈으로만 익히고 슬쩍 넘어가기도 했다.

하지만 이건 바보 같은 짓이다. 물어보면 자세히 알 수 있고 노하우가 쌓이고 자산이 된다. 현장의 생동감 있는 이야기, 경험에서 나오는 생생한 지식을 얻는 가장 좋은 방법은 질문이다. 나는 지금도 맛집에 가면 '정말 맛있네요. 비법이 뭐예요?'라고 꼭 묻는다. 칭찬하는 손님에겐 요리팁 하나라도 알려준다. 그리고 방송 때 준비된 요리사 선생님의 훌륭한 요리를 대할 때에도 꼭 비법을 묻는다. 질문을 통해 얻은 팁들은 나에게도 도움이 되고 방송 때 시청자에게도 정보를 줄 수 있다.

셋째, 멘토에게 피드백하라. 피드백할 줄 아는 멘티일수록 인정받는다. 물론 피드백도 적재적소가 있지만 먼저 물어보고 알아본 것을 업무 중간중간 보고하는 것이 중요하다. 왜 꼭 모든 일을 마지막에 최종적으로 피드백해야 한다고 생각하는가? 중간에 얼마든지 피드백할 수 있다. 업무를 통한 멘토링을 할 때 혼자 생각하고 혼자 결정해서 최종적인 것만 멘토와 소통하는 멘티가 있다. 그래선 안 된다. 멘토링 과정의 업무는 결과만 보는 것이 아니다. 과정에서 더 많은 것을 얻을 수 있다. 중간중간 멘토와 소통하라. 소통력도 능력이다.

멘토링의 궁극적인 목표는 더 많은 멘토를 키워내는 것이다. 지금 혹시 주변에 자신의 시간과 노력, 비용을 할애하면서까지 멘토링하는 멘토가 있다면 박수를 보낸다. 그리고 이런 훌륭한 멘토들을 따라서 더 많은 멘티가 성장했으면 한다. 훌륭한 멘토에게 배운 모든 것을 잘 흡수해서 결과적으로는 스스로 멘토가 되고 또 다른 여성 비즈니스맨을 키워내길 바란다.

경험이
비즈니스맨을 만든다

좋아하는 사자성어 중 견문각지(見聞覺知)라는 말이 있다. 보고 듣고 깨달아서 안다는 것, 즉 '경험'을 이야기한다.

나는 경험이 주는 힘이 엄청나다고 믿는 사람이다. 대학생 때 국문학과 교육학을 복수전공 하면서 대안학교의 국어교사가 되려 했었다. 학과 수업은 열심이었지만 2001년도만 해도 대안학교가 많이 생소할 때라 실제 대안학교가 어떤 곳인지를 알기가 쉽지 않았다. 실체를 알지 못하니 선택을 한다는 것이 어려웠다. 그러다 교생실습 때 기회가 생겼다. 교생실습은 대부분 자신의 모교로 나가고 싶어 한다. 하지만 나는 우리나라 최초의 대안학교인 경남 산청의 간디 대안학교로 전화를 했다. 최초의 대안학교이자 몇 안 되는 대안학교 중에 학적으로 인정받는 대안학교였기 때문에 혹시 교생을 받는지 문의를 했다.

아직 한 번도 교생을 받아본 적 없다는 교장선생님을 설득하여 이 학교 최초로 교생실습을 하게 됐다. 대부분 정장을 곱게 차려입고 가는 교생실습 첫날과 달리 나는 운동화를 신고 굽이굽이 산속을 걷고 걸어서 학교에 갔던 기억이 선명하다.

아이들, 선생님과 먹고 자고 공부하고 생활하면서 직접 본 대안학교는 책에서 보던 것과는 너무나 달랐다. 책이나 언론에서 짚어준 대안학교의 가치나 의미에서 벗어나, 생동하는 아이들이 보여주던 현실적인 고민과 문제들은 내가 직접 대안학교를 가지 않았더라면 결코 알 수 없었을 것이었다.

그래서 만 권의 책을 읽느니 만 리 길을 떠나는 게 낫고, 만 리 길을 떠나는 것보다는 무수한 사람을 접하는 게 낫다고 생각하며 경험을 소중히 여기게 됐다.

비즈니스맨에게 경험은 왜 중요할까?

이렇게 경험은 선택과 판단을 돕는 중요한 길잡이가 된다. 단순히 수동적인 직무를 실행할 때에도 그 속에는 선택해야 하는 일들이 있다. 그러니 능동적이고 자기 주도적인 판단을 해야 하는 시기에는 얼마나 많은 선택지가 펼쳐질까? 업무에서도, 인간관계에서도 책임져야 하는 수많은 판단이 따른다. 그래서 우리에게는 현명한 선택을 하기 위한 많은 경험이 필요한 것이다.

연애할 때를 생각해보라. 아무것도 모르고 내 감정만 우선이던 서툴던 첫사랑보다 서로 투닥투닥 차고 차이면서 눈물 한바탕 쏟고 이별의 아픔을 안 뒤에 만난 성숙했던 연애를. 그제야 비로소 좋은 사람이 보이고, 내 사람의 선택 기준들이 만들어졌다. 그래서 더 나음을 위해서라면 우리는 경험하기를 두려워해서는 안 된다. 경험은 우리에게 현명한 선택을 하게 만든다.

사계절에 맞춰 봄, 여름, 가을, 겨울의 제철 먹거리를 팔아본 쇼핑호스트는 지금의 계절에 어떤 음식을 먹어야 하고 어떤 식품을 보여주어야 소비자들의 지갑이 열린다는 것을 경험치로 안다. 한여름 배춧값은 주춤하지만 장마가 지나가고 나면 배춧값이 상승할 것이라는 걸 해마다 김치 판매 경험으로 알고 있기 때문에 미리 장만하시라는 스토리텔링을 할 수 있다.

한발 더 나아가 계약재배를 해봤거나 매년 김장을 담근 사람, 여름김치도 먹어보고 겨울김치도 먹어본 사람은 아무리 값이 비싸도 한여름 배추보다는 날씨가 추워진 뒤 고랭지 배추로 담근 게 더 맛있다는 걸 경험으로 안다. 그래서 이런 경험을 종합하여 상품의 가치와 가격의 합리성을 판단하고 매출로 이끌어낸다.

비즈니스 파워도 경험을 기반으로 강화된다. 왜 많은 사람이 창업하기 전에 대박집에서 아르바이트하면서 내공을 기르겠는가. 이런 경험을 해야 시장의 소비자 니즈를 직접 파악하고 그 분야의 앞선 경쟁자가 되어볼 수 있기 때문이다.

주방가전 쿠쿠 밥솥을 자주 방송하던 때 일이다. 공항에서 외국인들이 하나씩 사 들고 갈 정도로 인기템이라는 것은 알고는 있었지만 정작 나는 쿠쿠를 쓰지 않고 있었다. 그래서 정말 이 상품의 매력에 빠져 있는 사람들의 경험담이 듣고 싶었다. 그래서 나는 아예 쿠쿠 담당자에게 부탁해서 〈쿠쿠 소비자 모임〉에 참여했다. 쇼핑호스트라는 걸 숨기고 소비자들 모임에 참여해서 실제 제품을 오래 써온 사람들이 이야기하는 장단점을 듣고 제품을 활용한 다양한 레시피들을 배웠다. 쿠쿠로 밥만 하는 줄 알았더니 그게 아니었다. (이 모임은 체험단 혜택까지 이뤄지고 있어서 매년 치열하게 선발한다. 쿠쿠에게 있어서는 중요한 빅데이터의 산실이었다고 생각한다.) 그리고 소비자들이 체감하는 경쟁사 제품과의 차별점에 대해서도 파악할 수 있었다. 이처럼 소비자 입장에서의 (특히 충성고객) 경험은 개발자나 회사 입장이 아니라 고객 입장에서 브랜드 스토리를 만드는 것이기에 훨씬 비즈니스의 힘이 된다.

경험은 돈이 된다

여기서 '비즈니스의 힘'이라는 것은 곧 돈이 된다는 뜻이다. 경험을 돈으로 바꿀 수 있는 것이 비즈니스의 세계이다. 그동안 내가 축적해온 경험이 쌓여서 목표를 이루는 결정적인 마스터키가 된다. 내가 원하는 것이 성공적인 매출이 될 수도 있고, 효과적인 마케팅 홍보가 될 수도 있고, 크고 작은 창업이 될 수도 있다. 그

것이 무엇이든 길잡이가 되어줄 경험을 열심히 쌓아야 한다.

처음에는 오랜 시간에 걸친 다양한 경험이 서로 연결고리가 없는 것처럼 보일 수 있다. 그래서 본인 손에 경험이 있어도 그것을 비즈니스로 어떻게 돈으로 바꿔야 할지 모른다. 결정적 계기가 오기까지는 마치 경험들은 각각의 구슬처럼 보인다. 하지만 어느 순간 그 구슬들이 꿰어지면서 나만의 다이아몬드가 되고 비즈니스 파워가 된다.

목동의 한 빵집은 다른 빵집에는 없는 독특한 레시피로 만든 식빵으로 유명해졌다. 이렇게 유명해진 데는 멀리서도 보일 만큼 독특한 인테리어도 한몫했는데, 알고 보니 사장님은 젊을 때 미술과 패션 쪽 일을 했고 이때의 감각으로 인테리어를 했던 것이다. 그리고 전국 각지의 맛집을 다니며 길러온 미각은 그녀로 하여금 독특한 레시피에 도전하게 만들었다. 오랜 시간에 걸쳐 돌아온 지금의 성공 뒤에는 이렇게 많은 경험이 있었다.

나 역시 지금까지 4,000회 가까이 방송을 하면서 수천 개의 상품을 판매했다. 13번의 계절을 지나면서 다양한 상품을 판매하며 얻는 경험이 다음 상품의 매출 견인으로 이어지는 일이 많았다. 캘리포니아산 호두를 방송하면서 쌓인 노하우가 캘리포니아산 체리나 오렌지 방송 시에 도움이 되었다.

아보카도 원물과 손질이 된 냉동 아보카도 방송을 거치고 아보카도 오일을 판매하니까 그동안 생소했던 아보카도의 마케팅

포인트가 비로소 보이기도 했다. 쇼핑호스트와 별개로 공부해온 채소소믈리에 활동을 하면서 유기농 제품을 많이 접하게 되다 보니 쇼핑호스트 중에서도 유독 유기농 상품을 많이 방송하게 됐다. 새로운 먹거리는 새로운 주방용품과도 연결되고 새로운 건강보조식품 개발과도 연결된다.

책을 쓰는 일도 마찬가지다. 취업을 마음먹으면서 준비해온 나만의 취업 노트, 홈쇼핑 입사 후 전국 각지의 많은 상품을 만나고 직접 판매해본 경험, 쇼핑호스트로서 다양한 사람과 함께 일하며 생방송에서 얻게 된 노하우들, 회사 안팎에서 이뤄진 멘토링의 시간은 각각 떨어져 있는 경험들로 보였다. 그러다 책을 집필하면서 그동안의 경험이 하나로 꿰어지고 집합체가 되는 경험을 하게 되었다. 그리고 이렇게 나온 책은 나를 또 다른 비즈니스의 세계로 이끌었다. 책을 통해 더 많은 사람을 만나고 더 많은 경험을 하고 더 다양한 작업을 하게 되었다.

홈쇼핑에서 많이 방송되는 이롬 생식의 경우에도 처음부터 홈쇼핑을 위해 만들어진 상품이 아니었다. 황성주 박사가 자신을 찾아오는 많은 암 말기 환자들을 접하면서 그들을 위한 식이요법으로 개발된 제품이다. 제대로 씹기 어려운 환자들이 먹기 좋게 삼키기 좋으면서도 영양을 골고루 배합하는 방법을 연구하다 보니 일반인에게도 도움이 되는 제품이 완성되고 이후 홈쇼핑 방송까지 하게 된 것이다.

음식이 독이 되기도 하고 약이 되기도 하는 경험들이 쌓여 새로운 제품이 되기도 한다. 이런 각각의 경험들이 이어지고 또 이어져 새로운 상품으로 거듭나고 돈이 되는 경우는 수없이 많다.

실패한 경험도 돈이 된다

특히 아이디어 상품들은 실패에서 착안되는 경우가 많다. 빛으로 조리하는 자이글 제품은 공중파에도 소개될 정도로 유명한 아이디어 상품이다. 나도 쇼핑호스트로서 애정을 가지고 많이 방송한 상품인데, 그 시작은 고기 굽기의 실패에서 비롯됐다. 고기를 구울 때마다 나오는 연기로 힘들어하던 사장님이 연기 없이 태우지 않고 맛있게 삼겹살을 구울 방법은 없을지 고민하다 나온 제품이 바로 자이글이다. 자이글은 현재 코스닥에 상장될 정도로 성장한 중소기업이 되었다.

우리가 흔히 쓰고 있는 아이보리 비누도 P&G 신제품 개발을 하던 중 실수로 비누 재료를 섞는 기계를 끄지 않고 점심을 먹으러 갔다가 예상치 못한 공기층이 생겨 물에 가라앉지 않는 성질의 비누로 만들어진 것이다. 그 이전의 비누들이 물에 가라앉고 녹아서 쓰기 불편했기 때문에 아이보리 비누는 대 히트를 쳤다.

샴페인도 지하창고에 보관된 와인이 겨울에서 봄으로 지나면서 날씨의 변화로 발효되어 압력을 견디지 못하고 터져 버리면서 시작되었다. 처음에는 와인에 탄산가스가 생겨 부글거리자 악마의 와인이라고 기피하기도 했지만, 이 실패한 와인의 맛을 본 뒤에는 병을 터뜨리지 않고 보관하는 방법을 연구하고 철사로 뚜껑을 고정하는 방법을 개발하면서 맛있는 샴페인을 맛볼 수 있게 되었다. 포스트잇이나 타이어도 실패를 거쳐서 탄생한 성공 사례이다.

시작하지 않으면 아무것도 경험할 수 없다. 작은 경험들이 모여 비즈니스의 성공을 만들어내기도 하고, 실패의 경험이 새로운 비즈니스의 시작이 되기도 한다. 자신이 어떤 비즈니스맨인지 규정하고 싶다면 나를 이루는 경험들을 되돌아보라. 그간의 경험이 당신을 진정한 비즈니스맨으로 만든다.

1인 기업처럼
일하라

쇼핑호스트는 처음 입사했을 때에는 회사 소속으로 교육을 받고 근무하다 일정 기간이 지나면 프리랜서로 전환된다. 일률적으로 개인사업자가 되는 경우가 아니더라도 회사에 따라 일부는 정규직 소속으로, 일부는 자신의 선택에 의해 프리랜서가 되어 혼합형으로 운영되는 경우도 있다.

쇼핑호스트뿐만 아니라 홈쇼핑 비즈니스 시장에는 이런 1인 기업 형태의 사업자가 많다. 회사라는 조직에서 벗어나 스스로 1인 기업이 되어 제품 활용 영상을 제작하기도 하고, 전문 게스트가 되어 상품을 따라다니며 여러 홈쇼핑에 출연하기도 한다. 푸드 스타일리스트나 패션 스타일리스트가 전문적으로 상품 콘셉트를 잡고 제품이 돋보일 수 있도록 요리를 준비해주거나 코디해

주기도 한다. 홈쇼핑뿐만이 아니라 1인 출판사라든지 1인 서점, 1인 쇼룸, 1인 PT 트레이너 등 다양한 형태의 1인 기업이 등장하고 있다. 앞으로도 더 많은 분야에서 1인 기업이 늘어날 것이다.

시작부터 평판을 관리하라

조직의 구성원으로 있다가 프리랜서가 되거나 1인 기업을 시작하면 제일 많이 하는 이야기가 있다. 바로 '마인드가 바뀐다'는 것이다. 하는 일은 똑같을지 몰라도 그 일을 대하는 태도가 달라진다. 누구도 나를 대신해주지 않기 때문이다.

우리가 스타벅스에서 커피를 마실 때는 '누가 이 커피를 만들었는가'보다 '스타벅스'라는 브랜드를 기억하지만, 동네의 1인 커피전문점에서 커피를 마실 때에는 '바리스타의 솜씨'를 더 인상 깊게 기억하는 것과 같다. 따라서 1인 기업이라면 브랜드 뒤에 숨지 않고 나 자체를 브랜딩할 각오를 해야 한다.

본격적인 1인 기업이 되기 전에 자기 분야에서 내가 과연 1인 기업으로 성장할 수 있을 것인지를 가늠할 수 있는 시기가 있다. '과도기적 1인 기업 준비기'이다. 1인 기업에 관한 관심은 생겼으나 경제적, 기술적으로 과연 가능할 것인가를 고민하는 시기이다. 이 시기를 잘 활용하는 것이 중요하다. 완전히 새로운 분야로 옮겨 다른 일을 하는 것이 아니라면, 현재 자신이 하고 있는 일에서 만들어진 평판이 앞으로 1인 기업에서도 이어지기 마련이다.

가장 중요한 포인트는 업무 결과뿐만이 아니라 일을 수행하는 과정에서 형성되는 신뢰감이다. 단순히 친절한 태도를 말하는 차원이 아니라 서로 간의 의사소통을 얼마나 신뢰감 있게 가져가느냐를 이야기하는 것이다. 동료 간 커뮤니케이션을 잘 운영하는 사람, 회사에 자신의 업무 실적을 잘 설명하거나 조직 대 개인으로 조율을 잘하는 사람, 고객을 대할 때 진정성 있게 대하는 사람, 모두 신뢰감을 형성할 줄 아는 사람이다. 일도 일이지만 이런 사람들은 일을 진행하는 과정에서도 주도적이고 안정적으로 평판을 쌓는다.

역으로 보자면, 동료 간 불화가 잦고 트러블이 많은 사람, 회사와의 조율 과정에서 거짓이 많은 사람, 고객을 대할 때 최선을 다하지 않는 사람은 아직 자신을 1인 기업으로 이끌 자질이 부족한 것이다.

결국, 나의 평판은 내가 만드는 것이다. '한 번쯤은 괜찮겠지', '아무도 기억 못 하겠지'라는 마인드로 일하고 있다면 큰 실수이다. 사람들은 그 한 가지만 보고도 "저 사람은 성실하지 않구나" 하고 인식하기 때문이다.

1인 기업의 재밌는 점은 바로 여기에 있다. 소비자들은 단순히 1인 기업의 상품만 보고 소비하는 것이 아니라 1인 기업가의 신뢰감이라든지 차별화된 가치관까지 평가하면서 충성고객이 되거나 안티고객이 된다. 내부의 동료가 인정하는 평판이 곧 소비자들의 평판으로 이어지고, 이런 평판이 판매로 이어지면서 1인 기업을 지탱하는 힘이 된다.

1인 기업으로 살아남으려면

당연한 이야기지만 평판만으로 1인 기업의 생존이 가능한 것은 아니다. 자신을 브랜딩할 준비가 되었다면, 이제 수동적인 방법이 아닌 적극적이고 주도적인 방법으로 실력을 키워야 한다.

어떻게 실력을 키워야 할지 막막하다면 일단 실력 있고 잘한다고 평가받는 사람들을 자주 만나라. 그들이 역량을 어떤 방법으로 키웠는지, 전문성을 어떻게 개발해왔는지를 보고 배우는 것부터 출발해보자.

요즘 블로그를 활용한 1인 사업자들을 보면 그들끼리 네트워크를 가지고 서로 상품을 지원해주거나 판매 노하우를 공유하는 것을 종종 볼 수 있다. 서로의 성장을 위해서 1인 기업 간에 교류가 활발히 이뤄지는 것이다.

회사 내에서 업무를 할 때에도 실력 있고 잘한다고 평가받는 사람들은 위아래, 옆과 멀티 소통을 한다. 일하는 동안 자신의 업무가 가지고 있는 비전을 회사에 확실히 제시하고, 팀에서는 역량에 맞는 역할분담을 주도하며 전문성을 개발하고, 자신이 이끌어야 하는 사람들에게는 소속감을 느끼게 해주는 리더십을 발휘한다. 단순히 주어진 일만 하는 것이 아니라, 전체의 구조를 파악하고 있어야만 1인 기업으로 끝까지 갈 수 있다.

예를 들어 대기업 제빵회사에서 근무하다가 1인 기업으로 새 출발을 했다면, 단순히 빵을 만드는 기술만으로는 부족하다. 1인 빵집을 운영하기 위한 전체의 구조를 파악하고 자금의 흐름이나 효율적인 마케팅에 대한 그림을 그릴 수 있어야 한다. 외부 협업 조직이나 시스템이 있다면 효율적으로 피드백을 주고받으면서 자신이 구상한 1인 빵집의 콘셉트를 공유할 수 있어야 한다. 훌륭한 지휘자처럼 사방과 멀티 소통이 되어야 1인 기업으로 살아남을 수 있다.

여성 1인 기업 시대

창업의 흐름이 점차 여성들에게 유리해지고 있는 것이 사실이다. 1인 기업으로 경제적인 부담감을 줄이고 섬세한 특성을 살려 작은 것부터 배우고 시작해볼 기회가 많아지고 있다. 1인 기업을 시작하고 싶지만, 어느 한 부분이 부족하다고 느끼는 경우가 있을 것이다. 예를 들어 다른 건 걱정이 없는데 마케팅이 약하다고 생각한다면, 이 부분만을 재교육받을 수 있다. 여성 비즈니스 센터나 여성 스타트업 교육이 각 지역에서 활성화되고 있다. 또, 기술·창의적 아이디어를 바탕으로 창업에 도전하는 여성 예비창업자나 1인 창조기업을 지원하는 제도도 있다. 특히 여성 1인 기업가를 선정하여 독립된 사무 공간을 대여해준다거나, 공용 회의실, 창업교육, 전문가 자문, 여성벤처협회와의 사업 연계를 지원해주는 제도도 있다.

물론 이러한 지원제도들은 언제까지고 계속될 거라 장담할 수 없다. 하지만 제도는 변한다 할지라도 1인 기업의 주체가 이 세 가지만 잊지 않는다면 1인 기업 시대의 주인공이 될 수 있다. 첫째는 책임을 진다는 각오, 둘째는 과정의 신뢰를 쌓는 것, 셋째는 가치를 만들겠다는 의지이다.

능수능란하게
협업하라

홈쇼핑은 협업의 하모니가 돋보이는 분야다. 하나의 상품이 방송되는 과정을 보자. 제품의 개발자와 MD가 만나고 여러 차례 회의하며 제품의 대량 생산화나 홈쇼핑 심의에 맞춰 규격화한다. 그리고 완성된 제품의 포장이나 디자인을 담당자가 손본다. 그 뒤에는 홈쇼핑 PD와 쇼핑호스트가 배정되고 함께 상품 콘셉트와 방송 내용을 정한다. 그 사이 제품에 문제가 없는지 품질관리팀이 단계별 품질 검사를 하고, 동시에 심의팀에서 완성된 제품의 포장지나 방송 문구를 심의한다. 이 단계가 통과되고 나면 제품의 물류창고 입고라든지, 주문할 수 있는 시스템에 등록하는 일 등이 이뤄진다.

이건 방송 전 준비 단계일 뿐이다. 방송에 들어가면 스튜디오를 상품에 맞게 디자인해주는 파트, 상품이 어떤 색이냐에 따라 조명 준비가 이뤄진다. 상품이 식품일 때의 조명과 옷이나 화장품일 때의 조명은 확연히 다르다. 오디오 팀은 생방송 마이크를 준비하고 중간중간 상품에 맞는 음악을 선곡한다. 홈쇼핑은 음악에 따라 주문 콜이 움직인다고 할 정도로 음악과 연관성이 깊다.

카메라 팀은 상품을 어디에서 비춰야 할지 고민하고 쇼핑호스트와 어떤 방식으로 제품을 보여줄지 함께 논의한다. 홈쇼핑이 오프라인 판매와 가장 큰 다른 점은 바로 영상으로 구현된다는 점이기 때문에 카메라 팀과의 호흡은 굉장히 중요하다. 이 외에도 비디오 감독과 코디네이터, 메이크업 아티스트, 현장 진행을 돕는 FD까지, 보이는 곳부터 보이지 않는 곳까지 모든 분야가 연결되어 있다.

제품이 고객의 손에 들어가기까지 수많은 단계를 거쳐야 하고, 각각의 단계가 유기적으로 연결되지 않으면 상품은 제대로 판매될 수 없다. 홈쇼핑뿐만 아니라 지금 이 세계에서 이뤄지고 있는 모든 분야의 일들이 그럴 것이다. 특히 새로운 산업시대에는 협업의 중요성을 알지 못한다면 결코 성공할 수 없다.

협업의 중요성

미래의 상징인 아이들만 봐도 알 수 있다. 4차 산업혁명 시대의 선언과 함께 아이들 교육조차도 '나홀로 공부'에서 협업과 소통 중심의 교육으로 바뀌고 있다. 단순히 공식을 외워서 푸는 것이 아니라 팀이나 파트너를 정해서 협동과 경쟁을 통해 문제에 접근하는 방식을 논의해서 창의적 결과물을 내도록 장려하고 있다. 몇몇 혁신학교나 대안학교에서만 이뤄지던 교육방식이 이제는 점차 일반 공교육으로 확산되고 있다. 자유학기제를 통해 새로운 방식으로 공부하는 학교도 늘어나고 있다.

이런 현상이 무엇을 의미할까? 미래의 주인공이라고 할 수 있는 이 아이들이 성장해서 비즈니스의 주역이 되었을 때 과연 비즈니스 시장이 어떻게 변해 있을 것인가를 가늠할 수 있다는 뜻이다. 그 사이 수많은 직업의 사멸과 생성이 이뤄질 것이고, 그 과정에서 창의성만큼이나 협업을 통한 시너지가 사업의 중요한 기준이 될 것이다.

TV 속 프로그램만 봐도 이런 변화의 흐름을 알 수 있다. 슈퍼스타-K나 K-POP 스타에서 왜 지원자들에게 협업 미션을 줄까? 자신만의 실력을 키우고 드러내는 것도 중요하지만, 경쟁자와의 협업을 통해 더 좋은 퀄리티가 나올 것이라는 전제가 있기 때문이다. 오디션 프로그램들의 수많은 명곡은 이런 협업 미션을 통해 나오곤 했다.

그렇다면 우리가 일하면서 협업의 시너지를 높이기 위해서는 어떤 점을 염두에 두어야 할까?

협업의 시너지를 높이는 비밀

협업을 통해 장기적인 비즈니스의 성장을 기대하는가? 그렇다면 다음 세 가지를 기억하자.

첫째, 협업자 또는 상호 보완자, 비즈니스 파트너의 일을 내 일처럼 생각한다는 협업의 매너를 지키자. 흔히 협업하다 보면 나를 기준으로 생각하게 된다. 물론 모든 비즈니스는 나의 이익이 기준이 될 밖에 없다. 하지만 그럼에도 전체의 이익을 생각하고 상호이익이라는 자신만의 잣대를 세우는 것이 중요하다. 다른 업무에서 생기는 문제점도 같이 고민할 수 있는 자세가 필요하다. 일이 잘 진행될 때는 서로의 손을 잡고 힘을 내다가 막상 문제가 발생했을 때는 나 몰라라 하는 자세는 옳지 않다.

상품을 만들 때는 미처 보이지 않았던 제품의 단점이 방송하면서 쇼핑호스트의 눈에 보일 때가 있다. 단순히 상품을 많이 파는 일만이 쇼핑호스트의 업무라고 생각한다면 굳이 이런 단점을 피드백할 필요는 없을 것이다. 오히려 제품의 단점에는 눈을 감고 장점만을 부각해 매출을 올리는 것이 단기적으로는 이익을 올리는 행위일 것이다.

하지만 제품이 오랫동안 소비자들에게 사랑받고 스테디셀러가 될 수 있도록 쇼핑호스트가 제품의 문제점을 MD와 제조사에게 피드백하고 보완사항을 함께 고민한다면 장기적으로 상호이익일 될 것이다. 또한, 소비자와의 소통에서도 제품의 불완전성을 인정하고 더 나은 제품이 되기 위해 어떤 보완점이 있을지 함께 논의해나간다면 단기적 매출 상승은 힘들겠지만 상호적으로는 고객이 함께 만들어가는 브랜드로서 장기적인 성장이 가능하다.

둘째, 스타트업 파트너를 곁에 두자. 이때 신생 파트너와 협업할 때에는 더 큰 책임감을 가져야 한다. 멘토링과 영감의 공통점은 자신의 분야에서만 이뤄지는 것이 아니라는 점이다. 다른 직무와 함께 작업하다 보면 각각의 분야에서 최선을 다하는 미래의 실력자를 만나게 될 때가 있다. 물론 이런 스타트업 파트너들이 시장에서 저평가될 때도 있다. 때를 만나지 못해서이기도 하고 사업의 실력과 인간관계가 반드시 비례하진 않기 때문이다.

일을 실행하는 과정에 실제 미숙한 점도 많을 것이다. 하지만 코앞의 이익만 보고 이런 파트너들의 손을 놓아 버린다면 장기적으로는 비즈니스의 성장을 기대하기 어렵다. 그들과의 소통이 어렵더라도 기다리고 성장을 응원하는 자세를 취하자. 이러한 모든 행위가 실천하는 멘토링이 될 것이고, 결국 협업의 시너지로 당신에게 돌아올 것이다. 그리고 언제나 다양한 분야, 다양한 수준의 협업 단계에서 예기치 못한 영감을 얻을 수 있다는 사실을 잊지 말자.

셋째, 모를 땐 모른다고 말하고 알 것 같은 사람의 힘을 빌리자. 이 간단한 팁은 협업 시너지를 키우는 자세이다. 모르는 것을 모른다고 인정하기란 쉽지 않다. 하지만 그러다 보면 일은 점점 더 꼬이게 된다. 혹은 더 나은 결과물을 만들 수 있었음에도 고집 때문에 일의 성과가 정체될 수 있다. 여기에 수직적인 직책 구조까지 개입된다면 그런 경우가 더 많이 생긴다. 하지만 언제든 스스로의 부족함을 인정할 자세가 되어 있다면, 그리고 도움을 청할 유연성이 있다면 훨씬 더 멋진 결과물을 기대할 수 있다.

다른 직무와의 협업은 이제 불가피하다. 모든 분야에서 완벽한 인간은 극히 드물기 때문이다. 글로벌한 시대에 대응하기 위해선 온오프라인, 국가를 뛰어넘는 협업도 이뤄질 것이다. 도움의 차원이 될 수도 있고 비즈니스 파트너로서 함께 작업하는 차원이 될 수도 있다. 나 역시도 협업의 하모니를 경험하면 할수록 오히려 겸손해진다. 협업의 중요성을 알지 못한다면 우리도 비즈니스맨으로 성장할 수 없기 때문이다.

경쟁력 있는
나만의 필살기를 만들자

나에게는 두 권의 필살노트가 있다. 하나는 입사 전에 취업을 준비하면서 만든 노트다. 입사를 원하는 회사들의 신문기사나 홈페이지에 나와 있는 핵심 전략들을 앞쪽에 스크랩하고, 중간에는 쇼핑호스트가 되기 위한 발성, 발음 연습자료(신문 사설을 스크랩하고 소리 내어 읽는 것도 도움이 됐다)와 회사 면접에 나올 법한 상품의 프레젠테이션 기승전결을 정리해놓았다. 뒤쪽에는 취업의 베이스가 되는 자기소개서와 자주 나오는 Q&A를 적어놓았다.

이렇게 정리해놓은 필살노트는 아주 큰 도움이 됐다. 시험 철이 되면 면접 현장에 갈 때마다 이것저것을 챙기지 않아도 필살노트 한 권이면 마음의 준비가 끝났기 때문이다. 취업을 위한 준비가 잘 정리되어 있다는 느낌은 현장에서 꽤 든든함을 주었다.

경쟁자와 실력이 비슷한 순간에는 스스로가 갖는 안정감이 합격의 당락을 결정하기도 한다.

두 번째 필살노트는 입사 후에 만들었다. 나는 방송에 투입되기 전 한 달 동안 모든 방송을 모니터링했다. 카테고리에 상관없이 대부분 방송 비디오테이프는 열람할 수 있었다. 한 달 내에 업무 영역에 해당하는 모든 방송 스타일과 상품을 다 알긴 어려웠지만, 나만의 방법으로 상품을 분류하고 선배들의 방송 스타일을 기록했다.

처음에는 들리는 것을 모조리 적어보다가 차후에는 중요 키워드를 정리하는 방식으로 필살노트를 만들었다. 방송 1년 동안 시즌별로 자주 하는 상품들을 정리해놓았더니 그 뒤로 해마다 큰 도움이 됐다. 그리고 필살노트의 맨 뒷장에는 각 업무의 기능별 상관관계나 업무 흐름도를 파악해서 적어놓았다. 첫 직장이라 직무나 직책 호칭도 어려웠던 시기라 필살노트는 때마다 신입사원에게 큰 도움이 됐다.

어떤 재능이든 필살기가 될 수 있다

노트로 이야기를 시작했지만 모든 사람에겐 자기 분야에서 자신에게 힘이 되는 필살기가 필요하다. 나는 키가 큰 편도 아니고 미인대회 출신도 아니었기 때문에 쇼핑호스트로 홈쇼핑 비즈니스 시장에서 살아남기 위해서는 나만의 필살기가 필요했다.

상품에 대한 철저한 분석과 준비를 나의 필살기로 만들고자 노력했다. 이를 위한 몇 가지 나만의 수칙이 있었는데, 상품이 정해지고 나면 시장조사부터 철저히 준비했다. 시장조사는 대략세 부분으로 나뉜다. 동네 슈퍼나 재래시장, 대형마트나 백화점, 오프라인 시장, 이렇게 세 부분으로 나눠 시장조사를 하고 제품의 기본적인 장단점을 인지한 후 미팅에 참여한다.

홈쇼핑은 구성과 가격이 판매율에 가장 큰 영향을 끼칠 수밖에 없다. 그래서 같은 상품도 여러 곳에서 어떻게 판매되고 있는지를 조사하는 것이 큰 도움이 된다. 오프라인 시장의 경우에는 이 상품이 가장 많이 판매되는 구성의 형태까지도 나온다. 시장에서 소비자들이 대용량으로 구매를 원하는지, 개별적으로 구매하는 추세의 상품인지를 알 수 있다.

일부 상품들은 온라인에서는 잘 구매를 안 하지만 직접 실물을 볼 수 있는 오프라인 매장에서는 판매율이 높은 경우가 있다. 이런 상품은 직접 눈으로 보고 선택할 필요가 있다는 것임으로 방송 시 상품을 얼마나 자세히 보여주는가가 판매에 결정적인 영향을 끼친다.

매번 회의를 통해 상품에 더 깊게 접근하고자 노력한다. 내가 요리사 자격증을 딴 이유도 어떤 식재료를 판매하게 되든 쉐프처럼 멋지게 요리하진 못하지만 나만의 방법으로 레시피를 생각해보기 위해서였다.

마지막으로는 언제나 제품이 제품 이상의 가치를 가질 수 있도록 인문학적 접근을 시도한다. 음식 하나에도 역사가 있고 문화가 있기 마련이다. 주방용품이나 리빙용품 안에는 현재를 사는 사람들의 이야기가 들어 있다. 나는 항상 이런 이야기를 통해 접근하는 스토리텔링 방식으로 방송을 풀어냈다.

사실 나는 학생 때 운 좋게 이화여대 백일장과 연세대 이한열 문학상에서 수상한 적이 있다. 예전부터 소설이나 스토리텔링에 관심이 많다 보니 감성적인 부분이 발달했고, 이런 특기는 방송에서도 나만의 필살기가 되었다. 소설가가 되기엔 부족했지만 쇼핑호스트로 방송 멘트를 만드는 데는 큰 도움이 되고 있다.

이미지도 필살기로 활용하자

일반적으로 '이미지도 필살기가 됩니다'라고 이야기하면 '그렇지, 예쁘고 잘생기면 그것만으로도 필살기가 되는 거 아냐?'라고 반문한다. 물론 외모의 훌륭함은 그 자체로도 큰 무기가 된다. 하지만 나는 비즈니스맨의 이미지 메이킹은 남달라야 한다고 생각한다.

공간으로 비유해보자. 누구나 100평의 넓은 집에 살고 싶지만, 현실적으로 힘들다. 모두가 멋진 뷰를 꿈꾸지만, 그것도 모두 가능한 것은 아니다. 그래서 오히려 작은 평수지만 자신만의 아이디어로 꾸민 집을 봤을 때 감탄하게 된다. 정해진 공간을 멋지게 활용한 가게는 오히려 그 공간마저도 하나의 연출로 느껴질 때가 있다. 내가 생각하는 비즈니스맨의 이미지는 그런 것이다. 어떻게 연출했는가, 왜 그렇게 연출했는가마저도 비즈니스의 필살기로 쓸 수 있다.

나는 원래도 외모가 특출나지는 않았지만, 특히 아이를 낳으면서 위기를 맞았다. 흔히들 말하듯 몸매도 아줌마가 되고 골반은 벌어지고, 거울을 보면 나름 상큼했던 아가씨는 온데간데없고 고생한 엄마의 모습이 세월과 함께 드러났다.

그런데 한편으로 생각해보니 내가 방송을 통해 판매하는 상품을 주로 시청할 사람들은 내가 멋낸 모습을 보고 구입하는 것이 아니다. 나는 모델도 아니고 연예인도 아니다. 그리고 나의 생방송은 미스코리아 선발대회가 아니다. 예뻐지기 위해 꾸미기보다는 오히려 시청자들의 눈에 호감형이 되도록 스타일을 만들고 상품 콘셉트에 맞춰 스타일을 만드는 것이 더 효과적이란 생각이 들었다. 주부는 실크 드레스 입고 요리하지 않고 움직이기 불편한 외출복을 입고 아이들을 챙기지 않는다. 상황에 맞는 이미지를 만들어야 설득력도 높아지는 법이다. 결국, 시청자와 공감대를 맞춰가는 이미지 메이킹이 중요했다.

기준을 상품에 맞추면 헤어스타일도 달라진다. 요리나 제품 시연을 할 때 긴 머리를 자꾸 넘기는 쇼핑호스트는 뭔가 불편해 보인다. 제품을 만지고 요리를 만들 때는 불편하지 않도록 메이크업한다. 유명 맛집의 쉐프가 머리를 길게 풀어헤치고 요리하는 걸 본 적 있는가?

　나는 개인적으로 내가 원하는 콘셉트로 앞치마를 제작하는 회사를 찾아내 직접 메일을 보내서 협찬을 받아내기도 했다. 그 당시 인기 요리 프로그램이나 요리잡지, 인테리어 잡지를 참고해서 찾아낸 앞치마 제작 회사였다. 그동안에는 유명 연예인이나 드라마에만 협찬했던 곳이어서 홈쇼핑 방송이야말로 업체 입장에서도 훌륭한 홍보의 장이 될 수 있다는 점을 어필했다. 한순간 잠깐 입은 모습이 나오는 것이 아니라 한 시간 방송 내내 비치기 때문에 움직이는 잡지책이 될 수 있고, 음식과 조명과 어우러져 앞치마의 장점이 더욱 부각된다는 점 때문에 협찬을 받을 수 있었다.

　김치가 돋보이는 색은 뭘까? 아로니아나 블루베리가 돋보이는 색은 뭘까? 과일이 신선해 보이는 색은 뭘까? 검정색 메탈 소재의 주방용품이나 리빙용품이 더 멋있어 보일 수 있는 의상 소재는 뭘까? 이제는 상품의 가치를 높이는 코디와 소비자의 눈높이에 맞춘 이미지가 나의 필살기가 되었다.

　자신이 예뻐 보이는 옷을 선택하는 건 마음이 이끄는 제일 쉬운 일이다. 하지만 '나는 이 색은 안 어울린단 말이야'고 이야기하며 어떤 방송, 어떤 상품이든 자신만 돋보이길 바라는 사람이 과연 방송에서 상품의 가치를 높여줄 수 있을까?

물론 각자가 가진 신체적 단점을 커버하는 것도 중요한 일이다. 그래서 나도 직접 발품을 많이 팔았던 것 같다. 동대문 옷감 전문 시장에서 소재를 따로 구입하기도 하고, 의상 디자이너처럼 컬러북도 챙겨보고 방송에 적합했던 옷을 여러 가지 색으로 구비하기도 했다.

여담이지만, 10년 차가 되었을 때 나는 쇼핑호스트인 나에게 흰 셔츠를 선물했다. 식품 방송을 하면서 가장 많이 입게 되는 옷이 바로 화이트셔츠인데, 화면에서는 다 똑같아 보이는 흰 셔츠이지만 워낙 여러 사람이 자주 돌려 입기 때문에 낡은 경우도 있고 사이즈도 기성복이라 내 몸에 안 맞는 경우도 있었다.

베이스 유니폼으로 가장 많이 활용한 흰 셔츠는 다 똑같아 보이지만, 그 안에서도 나만의 이미지를 만들기 위해 노력했던 나를 위해서 큰마음 먹고 나에게 맞는 흰 셔츠를 따로 맞췄다. 오랫동안 깨끗하고 각이 잘 잡히는 멋진 화이트셔츠에 이름까지 새겨 나에게 선물하면서 많은 다짐을 했다. 감회도 새로웠다. '끊임없이 나를 연구하고 이미지 메이킹을 시도하고 변화를 주는 것', 비즈니스맨에게는 가장 중요한 필살기이자 가장 아름다운 모습이다.

관찰하고 분석하는 법

1. 관찰은 기본 수식표를 활용하라

시장성 또는 수익성을 판단하는 기본 수식을 항상 기억해야 한다. 예를 들어 요일별/분기별(계절별)/성별/나이별/지역별로 나눈 기본 수식표를 만들어놓으면 시장성 관찰이나 수익 분석에 도움을 얻을 수 있다.

나는 반복적으로 일주일의 판매 패턴을 파악한 결과 주말이나 지출이 많은 휴가철이나 나들이철에는 현저하게 월요일의 매출이 감소하는 것을 확인했다. 날씨에 따라서도 기록해놓으면 굵직한 기준으로는 매해 비슷하게 패턴이 보인다.

예를 들어 장마철 경우에 주로 소비되는 물건은 무엇인지, 매해 반복되는 폭염에 수익이 오르는 사업은 무엇인지 등을 관찰표로 정리하는 것이다. 그 뒤에 기본 수식표에 1) 봄나들이철 2) 휴가철 3) 가을 단풍철에는 주말과 월요일의 소비 상관관계가 더 심해진다는 체크 포인트를 기록해놓고 도움을 받았다.

좀 더 세부적인 분석은 시간별 기본 수식표를 만들어놓는 것이다. 매출이 높은 주말의 경우에도 시간에 따라 유입 정도가 다르다. 예를 들어 토요일 오전 9시에는 대부분의 홈쇼핑에서 셀럽들이 함께 하는 프로그램 형태의 세일즈가 진행되는데, 이때 주중 홈쇼핑을 놓친 30~40대 직장 여성들을 공략하기 좋기 때문이다.

요즘은 1인 가구, 소비력을 갖춘 실버족, 딩크족, 딩펫족, 듀크족 등 다양한 형태의 시장이 형성되어 있기 때문에 같은 요일, 같은 시간대에도 1) 미혼 남녀의 소비 2) 기혼 남녀의 소비 3) 아이가 있는 남녀의 소비로 나누어서 수식표를 갖춰놓으면 마케팅하는 데 도움이 된다.

2. 분석은 WHY 질문법으로 길을 찾자

소비는 행동의식의 작용과 반작용의 결과물이다. 그러므로 시장성이나 수익성 관찰이 관찰로만 끝나서는 의미가 없다. 조사뿐만이 아니라 이런 현상을 분석하거나 비즈니스에 필요한 백데이터로 활용할 빅데이터를 추출할 때에도 어떤 행동 의식으로 이런 결과가 나왔는지를 늘 분석할 수 있어야 한다. 가장 기본인 WHY 질문법을 추천하겠다.

예를 들어 기본 수식표의 관찰 내용으로 직장을 다니는 미혼 여성이 평일 저녁에 소비를 많이 한다면 왜 그럴까를 생각해보는 것이다. 그리고 이들이 주로 구입하는 물건이 예를 들어 10만원 대 풀세트 화장품이라면, 이 화장품의 소비자 중 전업주부의 비중이나 아이가 있는 집의 비중은 얼마일지 의문을 가져본다. 그러면 이 상품의 명확한 타깃이 분석될 수 있고, 그 결과를 제품의 포장이나 사은품 구성 시에 활용할 수 있다.

비타민도 풍부하고 다이어트에도 도움이 되는 가루티백 차가 있다. 비타민에 타깃을 두어 판매할 것인지, 다이어트에 타깃을 두어 판매할 것인지를 고민한다. 실제 초도 물량을 판매한 결과 다이어트에 관심이 많은 사람이 훨씬 구입을 많이 했다. 그렇다면 2차 물량을 준비 시에 비타민 크림을 사은품으로 줄 것인지, 만보기나 체중계를 사은품으로 줄 것인지의 질문 형태로 실제 구매층의 의식에 다가가는 분석법이다.

가격대가 훨씬 고가인 전자제품은 남편과 함께 보는 시간에 많이 팔린다. 왜 그럴까? 이런 제품은 부부가 함께 논의하면서 구입을 결정하는 경우가 많기 때문이다. 그래서 뉴스나 드라마 앞뒤에 편성되거나 주말에 편성되는 경우가 많다. 그리고 이런 분석을 통해 쇼핑호스트의 멘트나 PD의 자막이 달라질 수 있다.

얼마 전 모 생명보험의 광고가 비난을 받은 적이 있다. 남편의 죽음으로 받은 10억의 생명보험금으로 외제차를 구입하는 등 경제적으로 윤택하게 사는 것을 연상시키는 아내의 모습을 담은 광고였다. 짧은 광고 하나에도 소비자들은 과연 이 영상이 상식에 맞는지 무의식적으로 판단하고 분석한다. 그리고 소극적으로는 불편함을 표출하고 적극적으로는 불매운동으로 이어지는 경우가 있다.

따라서 WHY분석법을 통해 1) 누구를 2) 무엇을 3) 언제 4) 어떻게 강조할 것인지 신중하게 행동의식을 분석하고 데이터의 형성 이유를 잘 판단하자. 그 과정이 합리적이고 타당하게 이뤄져야 소비자를 비롯한 대중들의 호응을 얻을 수 있다.

3장

일하는
엄마를 위한
워라밸 플랜

남자와 여자의
인맥관리는 다르다

나는 '여자의 적은 여자'라는 말이 너무 싫다. 이 말은 어쩌면 여자의 연대를 두려워한 누군가의 음모론이 아닐까? 솔직히 적도 아군도 성별의 문제가 아니라 '나와 너' 관계의 문제일 뿐이다.

하지만 남성과 여성의 인맥관리라면 이야기는 다르다. 좀 더 자세히 말하자면, 남성이 잘할 수 있는 방식이 있고 여성이 잘할 수 있는 방식이 있다. 예전에 존 그레이의 〈화성에서 온 남자 금성에서 온 여자〉라는 도서가 유행한 적이 있다. 읽다 보면 여자는 '남자는 이렇게 생각한단 말이야?', 남자는 '여자는 이런 구조로 생각하다니 놀랍군'이라고 할 정도로 서로 감정의 디테일이 다르다는 것을 알 수 있었다.

나는 인맥관리라는 말보다는 인간관계라는 말이 더 맞지 않

을까 생각하는데, 인간관계를 맺을 때에도 여성은 여성 특유의
섬세함이 있다.

수다는 힘이 세다

회사 생활의 꿀맛 중 하나가 바로 커피타임일 것이다. 어느
회사를 막론하고 잠깐 숨을 돌리면서 갖는 커피타임은 인간관계
를 맺기 좋은 시간이다. 자신만의 일에 몰입해 있다가도 잠깐 고
개를 들어 옆을 볼 수 있기 때문이다. 나도 이 커피타임 덕분에
많은 힘을 얻을 수 있었다. 주변 여성 동료와 서로의 고충을 허심
탄회하게 나누고 아이 문제나 남편 이야기를 하면서 공감대를 형
성했다.

커피타임은 회의 시간이 아니다. 그러므로 굳이 이야기를 내
가 이끌어갈 필요도 없다. 그저 진심으로 상대를 위하고 생각하
는 마음을 갖고 듣다 보면 상대의 필요를 세심하게 챙길 수 있고,
적절한 조언도 해줄 수 있다. 이런 커피타임의 수다를 통해 쇼핑
호스트 후배와 서로 진심으로 깊은 관계를 형성할 수 있었던 좋
은 기억이 있다. 지금도 이들은 힘들 때 나에게 편하게 '커피 한
잔 해요, 선배님'이라며 찾아온다.

물론 이런 방법이 적극적인 인맥관리는 아니다. 하지만 꼭 인
맥이 넓어야 좋은 걸까? 요즘은 SNS까지 활발해져서 명함 하나
만 주고받아도 다음 날이면 SNS 친구가 되어 있는 세상이고, 일

년에 한 번도 연락하지 않는 연락처가 주소록을 더 많이 차지하는 강제 인맥 시대라서 오히려 인맥 다이어트라는 말까지 나왔다. 넓지는 않아도 하나의 관계라도 깊게 제대로 맺는 것이 더 중요하지 않을까 싶다. 관계만큼은 드립커피처럼 천천히, 진하게, 아날로그가 좋다.

인맥관리 할 것인가, 인간관계 맺을 것인가

내가 이런 인간관계에서 깨달은 게 있다. 흔히 인맥 '관리'에 방점을 찍는 사람은 상대가 잘 됐을 때만 연락하고, 도움이 필요할 때만 연락을 한다. 그런데 인간 '관계'를 만들어가는 사람은 상대방의 지위고하, 역할의 경중을 막론하고 상대가 좋아서 연락하고 상대가 잘되길 응원하는 인간애정의 맥락이 있다.

상사나 중요한 위치에 있는 사람만 관리하려고 하지 마라. 오히려 그들을 서포트하는 사람들이나 큰 역할을 하지 않는 사람에게도 관심을 보이고 대화를 나누면서 관계 형성에 정성을 들여라. 소중한 관계를 유지하다 보면 생각지도 못한 도움을 얻는 경우가 많다.

인간관계를 맺을 때 친한 사이일수록 예의를 지켜야 한다. 그런데 이렇게 이야기하면 예의를 지키느라 거절을 제대로 못 하는 사람이 있다. 하지만 거절은 무례한 행동이 아니다. 아닌 걸 아니라고 하지 않으면 온갖 쓸데없는 것들이 내 시간을 점령해

버린다. 냉정하게 생각하고 단호하게 거절할 수 있어야 자신의 성장을 도모할 수 있다. 모든 사람의 기대를 충족시켜야 한다는 강박에서 벗어나야 한다. '내가 거절하면 인간관계가 어색해지 겠지?'라고 걱정하지 말자. 그렇게 해서 정리될 관계라면 오래갈 수 없다.

인맥관리 방식이 달라지고 있다

방식을 좀 더 자유롭게 생각하자. 예전에는 업무가 끝나고 술 한잔은 해야 인맥이 만들어진다, 진해진다고 생각했던 시절이 있 었다. 아니면 종일 붙어 다니면서 이야기하고, 이야기하고, 또 이 야기해도 헤어지면서 '나머지 얘기는 이따 전화로 하자구!'라는 말하는 관계들만 살아남는다고 생각하기도 했다.

하지만 결혼을 하고 가족이 생기고 육아를 하게 되면 퇴근 후 에도 아이들이 있는 집으로 제2의 출근을 해야 한다. 집에 들어 서는 순간 해야 할 일들이 산더미처럼 쏟아지는데 예전 같은 방 식의 인맥 쌓기는 어렵다. 이대로라면 나 같은 워킹맘은 평생 인 맥관리가 불가능한 걸까? 결혼과 출산과 함께 퇴직하게 되는 진 짜 경단녀가 아니더라도, 회사는 다니지만 그 안에 인맥관리나 네트워크는 꿈조차 꿀 수 없는 잠재적 경단녀가 된다. 이 알고리 즘을 벗어나기 위해서는 다른 방식이 필요하다.

꼭 같이 술을 마셔야 친분이 쌓이는 건 아니다. 일주일 중 하루 정도는 자기 일이 끝났다고 허겁지겁 퇴근하는 게 아니라 동료나 선배의 일도 도와주려고 노력하다 보면 친밀감이 생기고 우호적 관계를 형성할 수 있다. "도와줄까?"라고 이야기했을 때 "얼씨구나" 하며 몇 시간의 야근거리를 주는 사람은 많지 않다. 다만 생각해주는 그 마음이 고마운 거다.

그리고 저녁보다 점심식사 시간을 활용하자. 나는 특히 다른 업무 파트의 사람들과 식사를 하려고 노력했는데, 그 이유는 어차피 평생을 같은 자리에서 근무하는 게 아니므로 다른 직무의 사람들과 이야기를 나누면서 영감을 얻고 흐름을 읽는 것이 도움이 되기 때문이다.

인맥관리를 단순히 나의 성취를 보여주고 현재의 실질적 도움을 주고받는 것에 포인트를 둔다면 나의 방식은 도움이 안 될 것이다. 하지만 '나와 너의 관계'가 가지는 건강함, 서로의 내면이 건강해질 수 있도록 힐링을 주고받는 관계에 포인트를 둔다면 나의 방식이 도움이 될 것이다.

그리고 나는 삶의 목표가 같은 사람들과 만남을 많이 가지려고 노력했다. 30대 초반에는 자기 분야에서 성장하고 싶어 하는 여자들이 모이는 자리를 적극적으로 찾아가기도 했다. 인맥 만들기 자체에 얽매이지 않고, 회사를 벗어나서 '자신을 만드는 법'이나 '자기계발', '자기 연마' 등에 관심을 갖는 것이 중요하다. 그러다 보면 비슷한 생각을 가진 아군들과 인간관계가 형성된다.

내 경우에는 'YWCA 직장여성 인문리더십스쿨'과 '성주재단 글로벌 여성 리더십 프로그램'이 도움이 많이 됐는데, 직장인이 수업 듣기 좋도록 저녁과 주말 수업으로 운영됐고 비슷한 고민을 가진 여성들이 연대를 이루기 좋도록 운영했기 때문이다. 요즘은 지역에 따라 이와 비슷한 모임이 많이 생겨나고 있기 때문에 자신의 상황에 맞춰 선택해보는 것도 좋다. 일단 기준은 단기적인 모임이 아니라 장기적으로 변화를 이끌어낼 수 있는 모임, 연대를 형성하고 작게라도 변화를 실천하는 모임을 선택하는 것이 좋다.

칭찬에서 인간관계는 시작된다

사실 이렇게 말하는 나도 솔직히 인맥관리가 뭔지 잘 모르겠다. 명함을 정리하고 기념일에 축하 문자를 보내는 게 전부는 아니지 않을까? 가끔은 나도 인맥관리를 정말 잘하고 싶은데 뜻대로 되지 않아서 답답하기도 하다. 그럴 땐 주변에서 따라 하고 싶은 인맥의 롤모델을 참고해본다.

내가 매주 금요일마다 진행한 〈건강 이야기〉라는 프로그램이 있다. 예전에 '이산가족 찾기' 프로그램을 진행했던 이지연 아나운서와 함께 기획해서 실버계층 소비자를 타깃으로 한 프로그램이었다. 건강에 대한 정보, 레시피, 지역 축제나 음식 궁합을 홈쇼핑 방송에서 함께 전해주는 독특한 콘셉트이었는데, 이 방송을 계기로 이지연 아나운서를 곁에서 보면서 인간관계의 큰 법칙을 이해하게 됐다. 처음 만났을 때부터 나이 차가 꽤 나는데도 불구하고 선생님은 '홈쇼핑은 내가 잘 모르니 잘 알려달라'고 겸손하게 말씀하셨다. 방송 경력으로는 이미 교육자 수준이었기 때문에 그런 겸손함 자체가 송구했다.

그 뒤로 100회 가까이 진행하는 동안 이지연 아나운서는 나뿐만 아니라 주변 스태프들, 방송 관계자들의 장점을 보면 항상 어떻게든 반드시 칭찬해주셨다. 아주 사소한 점이어도 방송 때 '나이는 어려도 혜림 씨에게 그런 점은 정말 배울 만합니다.'라며 언급한다거나, 방송이 끝난 후에라도 반드시 '참 좋았다'고 칭찬하셨다.

이런 공통점을 가진 분이 또 한 분 계시는데, 바로 한복선 요리 연구가이다. 40년이 넘게 요리를 하셨고 심지어 1984년에 이미 '오늘의 요리'라는 프로그램을 진행하셨으니 지금의 식품 방송이야 사실 그분이 보시기에 크게 칭찬할 일이 아닐 텐데도 언제나 좋은 점을 발견하면 꼭 칭찬하신다. 칭찬은 쉬운 것처럼 보이지만 막상 실행해보면 어렵다. 특히 자기 일에서 여유롭지 않으면 남을 돌아보고 타인의 잘한 점을 칭찬할 겨를이 없다.

몇몇 장점은 심지어 당연한 것처럼 느껴질 수도 있다. 비교하다 보면 칭찬을 아끼게도 된다. 하지만 오랫동안 자신의 분야에서 일하는 여성들을 보면 오히려 아낌없는 칭찬을 통해 인간관계를 맺는다. 한 분야의 전문가인 여성이 진심으로 건네는 칭찬은 후배 여성에게 그 어떤 것보다 값진 응원이 되고, 그때부터 함께 가는 인간관계가 시작된다고 생각한다.

나만의 공부를
멈추지 않는다

어렵게 생각하지 말자. 작게는 새로운 선택을 하는 것도 하나의 공부가 될 수 있다. 흔히 '관심이 안목을 키운다'는 말을 한다. 옷을 잘 입는 사람을 보면 평소에도 다양한 스타일을 시도하는 경우가 많다.

나도 쇼핑호스트이다 보니 어디를 가도 특이한 메뉴를 많이 고르는 편이다. 트렌드에 맞춰 판매되는 식품도 다양해지고 있는 추세이다 보니, 왜 이 시기에 SNS에서 이 가게가 유행할까 궁금하면 반드시 찾아가 본다. 해외에서 인기 있는 제품들은 호기심을 가지고 먼저 구매해서 써보기도 한다. 예쁜 것은 왜 예쁜지, 편한 것은 왜 편한지 알기 위해서다. 이 모든 선택이 다 공부가 된다. 눈에 띄는 제품들에는 다 그만한 이유가 있기 때문이다.

남편은 가끔 왜 이렇게 쓸데없는 걸 사냐고 타박을 주기도 한다. 하지만 시간이 지나서 그 물건들이 국민템이 되기도 하고, 심지어 내가 방송에서 팔게 되기도 한다. 또는 내가 파는 유사한 상품과 비교해서 차별점을 깨닫게 되기도 한다. 어떤 물건을 선택하든 중요한 것은 '왜 이 물건이, 또는 이 시스템이 우리에게 필요할까?'라고 자문하는 호기심이다. 호기심은 비즈니스에 있어서 창의성과 연결된다.

키위가 준 공부의 열쇠

호기심이 깨어 있으면 공부할 일은 언제나 곳곳에서 벌어진다. 책상에 앉아서 책을 펴지 않아도 업무를 통해 얼마든지 공부할 계기가 된다. 가장 좋은 학교가 회사라고 했듯이 업무를 통한 공부도 좋다.

여름이 되면 매년 방송하는 과일 중 하나가 바로 키위다. 과일 영양 기여도가 1위인만큼 맛도 좋고 영양도 좋아서 홈쇼핑에서도 판매를 한다. 매년 뉴질랜드 제스프리 키위를 가장 먼저 방송하다 보니 제스프리의 초청으로 뉴질랜드로 출장을 가게 되었다.

뉴질랜드에서 키위 농장을 방문하고 농산물에 대한 농장주들의 철학을 듣고 제스프리 본사에 방문해서 키위의 세계화와 신품종에 대해 본격적으로 공부할 기회를 얻는 사람이 몇이나 될까? 출장으로 가게 된 뉴질랜드는 내가 생각했던 것과 전혀 다른 모습이었다. 선박에서 어떻게 키위가 포장되고 수출되는지를 직접 볼 수 있었던 좋은 기회였다. 특히 영양과 맛을 더욱 증강시킬 수 있는 신품종 관련 공부를 하다 보니 키위를 넘어서 과일 전반에 호기심이 생겼고 좀 더 전문적으로 공부하고 싶어졌다.

그동안 농산물, 과일이나 채소라고 하면 시골에서 알음알음으로 키워진다고 생각했던 선입견이 완전히 깨지고 농산물 재배가 얼마나 대규모로 체계화되고 과학적으로 관리될 수 있는지를 배울 수 있었다.

흔히 '농산물 분야가 과연 사물인터넷이나 인공지능과 관련이 있을까?'라고 생각하는데, 오히려 농산물 분야야말로 성장할 여지가 크다는 생각이 들었다. 선별하는 과정만 하더라도 사람을 대신해서 로봇이나 기계가 차지하는 부분이 커지고 있지 않은가? 이제 식재료는 단순히 텃밭에서 개개인이 길러 식탁에 올리는 수준이 아니다. 건강이 화두가 되고 생활 질병이나 음식 문제가 생명과 직결되는 시기에 먹거리야말로 해답이 될 수 있다. 그이후 나는 유기농 친환경 시스템과 지역 농산물에 더 큰 관심이 생겼다.

그러던 차에 전국의 다양한 농특산물을 시기마다 방송하게 되었는데, 무엇보다 아쉬운 생각이 들었다. 왜 우리는 이렇게 훌륭한 품질의 농산물들을 생산하고 있으면서도 좀 더 전문적으로 마케팅하지 못할까? 고춧가루는 여전히 김장철에만 필요한 양념이고 곶감은 명절 선물로만 소비되어야 하는 걸까? 소비자의 필요성이 국내에만 국한되어야 하는 걸까? 특히 곡류는 실제 각 먹거리의 특성 차이도 있겠지만 영양과 관련하여 이슈가 되는 것들은 귀리나 아마씨, 햄프씨드처럼 대부분 해외 곡물이고 오히려 국내산 곡물의 소비는 매년 줄고 있다.

과일은 철에 따라 한두 번 먹고 마는 것이 아니라 더 오랫동안 다양한 방법으로 먹을 수 있는 방법은 없을까? 하우스, 노지 재배 말고 지방에서 연구되고 있는 새로운 농작법은 없을까? 분명히 있을 텐데 이런 새로운 방법을 소비자들에게 더 잘 알릴 수 있는 커뮤니케이션은 어떤 것이 있을까?

방송을 위해 제품을 갖고 지방에서 올라온 농민들의 이야기를 들으면서 나는 어떻게 하면 현지와 농민의 이야기를 좀 더 잘 전달하고 소비자의 니즈와 궁금증을 충족시킬 수 있는 역할을 할 수 있을까 고민하게 되었다. 그래서 새롭게 도전했던 것이 바로 "채소소믈리에"였다.

최초의 채소소믈리에 쇼핑호스트

일본에서 처음 시작된 자격증인 채소소믈리에는 최근 서울 시장 후보 토론회에서도 새로운 대안 직업으로 언급될 정도로 많이 알려졌지만 2010년만 해도 한국에는 잘 알려지지 않은 전문 자격증이었다. 채소소믈리에는 현대 질병이 다양해지고 실버세대가

건강한 밥상을 책임지는 쇼핑호스트
채소 소믈리에 석혜림

늘어나면서 먹거리가 중요한 웰빙 시대를 먼저 겪고 있는 일본에서 시작된 채소와 과일 분야의 전문 자격증이다. 채소와 과일의 섭취가 중요해지면서 어떤 방식으로 재배하고 보관할 것인지, 각 채소에는 어떤 영양과 효능이 있으며 레시피는 어떻게 다양화될 수 있는지 등을 연구하는 사람이 바로 채소소믈리에이다.

나는 바쁜 시간을 쪼개서라도 채소소믈리에가 되어야겠다고 마음먹었고, 매주 업무 후 시간을 쪼개서 공부하고 시험까지 치러낸 덕에 홈쇼핑에서는 최초의 채소소믈리에 출신 쇼핑호스트가 될 수 있었다. 그리고 채소소믈리에를 꿈꾸는 사람들에게 채소소믈리에 커뮤니케이션 분야의 강의를 하게 되었다. 전문가 수준만큼 공부하고 비전문가의 귀에 꽂힐 만큼 쉽게 이야기하려면 정말 열심히 공부해야 한다. 그 덕에 나는 채소소믈리에 커뮤니케이션을 공부할수록 쇼핑호스트로서도 많은 도움을 받게 되었다.

새롭게 등장하는 신품종이 늘어나고 있고 이제는 아예 국내를 넘어 글로벌한 채소와 과일에 관한 관심이 높아지고 있다. 현대인의 생활 질병이 우리나라뿐 아니라 세계적으로 문제가 되면서 이를 해결하는 방안으로 먹거리의 글로벌 교류가 이뤄지고 있다. 이제는 다른 나라의 채소와 과일이라도 나에게 도움이 된다면 다양한 형태로 들여와 섭취하고 싶어 하는 소비자의 니즈가 생긴 것이다. 아사이베리나 비타민나무, 브라질넛트의 인기가 그런 현상을 대변하는 예이다. 이런 농산물들에 대한 제대로 된 설명과 정보 전달, 소통이 채소소믈리에 커뮤니케이션의 목표이자 쇼핑호스트로서의 목표이다.

과연 앞으로의 시대에는 어떤 먹거리가 유행할 것인가? 그리고 그 음식들의 비즈니스는 어떤 형태로 이뤄질 것인가? 채소소믈리에이자 쇼핑호스트로서 내가 해야 할 공부들이 더욱 많아질 것 같다. 나는 공부를 통해 다가올 시대에 한 발 먼저 다가가는 사람이 되고 싶다.

팔로워와 일의
의미와 가치를 공유하라

쇼핑호스트로 일하면서 인상 깊었던 회사 A, B, C가 있다. 세 회사 모두 획기적인 아이디어 상품을 만드는 회사다. 홈쇼핑을 발판으로 상장까지 한 성장의 아이콘과도 같은 회사들인데, 상품 또한 워낙 훌륭하다 보니 처음 나왔을 때부터 많은 사람의 관심을 끌었다. 그런데 회사가 어느 정도 성장하고 한 단계 더 큰 성장해야 할 시점에 특히 눈에 띈 회사가 그중 A사다.

A사는 육식 위주의 식습관이 문제라는 인식이 만연할 때 채소와 과일을 좀 더 맛있고 다양하게 먹을 수 있도록 개발한 제품을 주력으로 판매하는 회사였다. 세련된 디자인과 유명 연예인을 모델로 쓴 덕에 일찌감치 고급스러운 제품이라는 이미지로 주부들의 마음을 사로잡았다. 하지만 (우리 집도 마찬가지이지만) 어릴

때 어머니가 녹즙기를 구입해서 몇 번 갈아주다가 어느샌가 서랍장 어딘가로 들어갔던 기억이 있는 사람이라면 알겠지만, 이런 제품들은 부지런히 만들어 먹지 않으면 아무리 비싼 돈을 주고 산 주방용품이어도 무용지물이 되기 마련이다. 그래서 이 제품이 화려한 채소, 과일주스로 눈길을 끌며 인기몰이를 할 때에도 나는 이 인기가 오래가지 못할 거라고 생각했다. 사람들이 곧 불편함을 느끼지 않을까 싶었기 때문이다.

하지만 곧 내 생각이 틀렸다는 것을 알게 되었다. A사는 이미 같은 고민을 먼저 시작했고, 특히 이 고민에 대한 접근을 직원들과 공유하면서 보완하고 있었기 때문이다.

A사는 제품판매 외에도 이 제품을 활용해서 주스를 만들어주는 카페를 운영하고 있었는데, 촬영 및 시장조사 차 이 카페에 다녀온 뒤로 '잘되는 회사의 비밀'을 깨달았다.

잘되는 회사의 비밀 공간

이 카페는 단순한 채소, 과일 주스를 넘어 정말 다양한 주스를 개발하고 있었다. 주스 하나에도 시각적으로 접근하는 젊은 세대를 위해 재료의 온도를 다르게 하여 두 가지 재료 층이 분리되는, 마치 칵테일 같은 건강 주스를 내기도 하고, 집에서는 먹기 쉽지 않은 신기한 재료를 사용한 메뉴도 있었다. 그리고 특이한 점 중 하나는 일반 손님도 많았지만, A사 직원들이 주스를 마시며 회의하는 광경을 쉽게 볼 수 있다는 것이었다.

그러니까 이 카페는 단순히 부수익 창출을 위한 공간이 아니라 이 제품이 지속적으로 많은 소비자에게 사랑받을 수 있도록 고민하고 아이디어를 창출해내는 거대한 연구 공간인 셈이었다. 그리고 새로운 아이디어들이 소비자들에게 얼마나 선택받을 수 있는지에 대해 사전조사를 할 수 있는 마케팅 공간이기도 했다.

게다가 이러한 과정을 심도 있게 진행하기 위해 마치 채소소믈리에나 요리사처럼 회사 안에서 자체적인 전문가 과정을 만들어서 교육하고 있었다. 교육을 이수한 사람은 따로 유니폼을 갖춰 입고 바리스타처럼 연구하거나 주스를 만들고 있었다. 외부에서 공적으로 인정받는 자격증이 아니더라도 회사 내에서 이렇게 자격 과정을 만들어서 따로 역할을 만들어놓으니 더 전문적이고 체계적으로 이뤄지는 장점이 있었다.

그리고 가장 중요한 비밀은 단지 기술을 가르친다는 데 의미가 있는 게 아니라, 그 과정에서 '우리가 왜 이 일을 하고 있는가'에 대한 가치와 의미를 공유한다는 점이다.

A사의 제품이 가진 단점 중 하나는 채소와 과일을 짜고 나면 꽤 많은 양의 찌꺼기가 남는다는 점이었는데, 직원들의 연구 끝에 이 찌꺼기를 사용해서 쿠키, 빵을 만드는 아이디어가 나오기도 했다. 사계절에 맞춘 시즌 레시피를 만들어 홈페이지, 책자, SNS를 통해 제안하는 방식 또한 직원들의 주도하에 이뤄졌다.

나는 이 부분이 굉장히 중요한 비밀이었구나 싶었다. 어차피 제품의 완성도는 출시 시점에서 90% 이상이라고 본다. 이런 아이디어 상품들은 버전 2, 버전 3을 만들기가 굉장히 어렵다. 따라서 제품이 더 좋아질 수 없다면 이 제품을 꾸준히 사용할 수 있도록, 구입한 사람들이 '괜히 샀어'라고 후회하지 않도록 활용 방법을 계속 고민해서 제안해주는 것이 굉장히 중요하다. 그리고 이런 작업은 사장 한 명의 힘으로는 할 수 없다. 또, 기계적이고 수동적인 마인드를 가지고 있는 직원들에게는 좋은 답이 나올 수 없다.

따라서 회사는 직원들과 끊임없이 문제의식을 공유하면서 직원들에게 주도적인 마인드를 키워주어야 한다. 나는 A사 곳곳에서 회의가 진행되는 모습을 관찰하면서 회사의 가치와 의미가 공유되고 있다는 것을 느꼈다.

아이디어 상품일수록 제품이 만들어지게 된 사회 환경이나 제품을 사용하는 사람들의 니즈에 대해 더 많이 고민해야 한다. 시대를 앞선 제품을 만들거나 시대를 앞선 시스템을 개발하는 데 이런 과정은 필수다. A사는 그 부분에 대해 잘 알고 있었다. 그래서 회사 직원들과 생각과 가치를 공유하는 작업에 큰 비중을 둔 것이다. 그리고 우리나라를 넘어 유럽의 시장을 개척하는 모습에 무릎을 탁 쳤다.

유럽 유치원과 학교에서 채소와 과일에 거부감을 가지는 아이들과 함께 직접 주스를 만들어 먹는 교육을 진행하고 이 과정을 판매의 활로로 삼는 모습이 멋졌다. 유럽은 전통적으로 유기농 식재료와 친환경 농산물에 대한 소비자 관심이 굉장히 높은 시장이다.

건강에 대한 고민, 올바른 식습관에 대한 고민은 단지 우리나라만의 문제가 아니다. 전 세계의 공통 문제이며 앞으로 지구 환경이 변화될수록 그 관심은 더욱 높아질 것이다. 그러므로 A사의 이런 방식은 굉장히 효과적인 성공 비밀이다. 이런 니즈를 파고들면서 동시에 제품 활용이 주는 가치와 의미를 효과적으로 전달하고 있었다. A사는 주방용품 박람회뿐만 아니라 아예 건강 관련 해외 박람회에 진출하여 제품의 니즈와 가치로 세계 판매의 활로를 찾고자 했고, 현재 성공적으로 유럽 시장에 진출해 있다.

A사 제품의 원리가 엄청나게 새롭고 누구도 따라 할 수 없는 독보적인 기술력이라고 생각지는 않는다. 하지만 이 제품이 우리나라에서 사랑을 받던 초기에 A사가 직원들과 구축해온 무형의 공감대는 경쟁사에서 쉽게 따라올 수 없는 힘이다. 제품이 지닌 가치와 회사가 성장해야 하는 이유에 대한 공유, 회사와 직원 사이의 연대가 가지는 의미는 꽤 크다.

일과 육아
밸런스 맞추기

나는 본의 아니게 육아의 달인이 되었다. 물론 진짜 아이에게 집중해서 온 시간을 투자하는 정통파 달인은 아니고 개구쟁이 아들과 쌍둥이 딸을 키우게 된 덕에 꼼수 육아의 달인이 될 수밖에 없었다. 아직도 우리나라는 다둥이 가정에 대한 지원이 미약하고, 육아는 그 자체로 너무나 버거운 일이다. 여기에 엄마가 일까지 한다는 건 많은 각오를 필요로 했다.

물론 처음부터 각오가 된 건 아니었다. 정말 결혼과 육아만큼은 직접 체험하지 않으면, 내 일로 코앞에 닥치지 않으면 실감이 나지도 않고 그 맥락을 이해하기도 어렵다. 그동안 내가 머리로 이해하고 준비했던 세상과는 너무나 달랐다.

첫째를 낳고 복귀한 뒤 깨달은 것들

나는 첫째를 아주 늦게 낳은 편은 아니었다. 결혼 후 1년이 지나 회사 생활에도 어느 정도 적응이 된 때에 임신하고 출산을 했다. 배는 산만큼 나왔지만 당당하게 막달 한 달 전까지 출근하고 방송도 했다. 방송이 태교라 생각했고 방송 상품을 임산부 식단 삼아 한 소쿠리에 가득 담긴 꽃게도 번쩍번쩍 들곤 했다. 어느 순간 살이 너무 쪄서 코디실에서 준비해준 옷이 맞지 않길래 '뭐 어때. 방송 보는 어머님들이 임산부가 열심히 사네, 하시겠지'라는 무대포 정신으로 내가 입고 다니던 임부복 그대로 방송을 하기도 했다.

그러다 아이를 낳고 출산휴가 석 달 만에 복귀했다. 나름대로 출산계획을 잘 짰다고 생각했다. 앞에서도 언급했지만, 가족 누구 하나 너무 무거운 육아의 짐을 짊어지지 않도록. 남들은 '애엄마가 독하네'라고 생각할지 모르지만, 우리나라의 보육 시스템을 믿고 어린이집 선생님들을 신뢰하며 복귀를 준비했다. 지금도 첫째가 갓난아기일 때 어린이집 선생님께서 보내주신 알림장을 보관하고 있는데, 지금 보면 아이와 일 사이에서 적응하려 했던 당시가 생각난다.

문제는 내 몸이었다. 그동안 살면서 한 번도 없었던 알레르기가 생기기 시작했다. 조금만 피곤하면 정신은 멀쩡해도 온몸에 두드러기가 났다. 병원에 가봐도 원인을 알 수 없다고 했다. 다만

면역력이 떨어져서일 수 있다는 소견만 들을 수 있었다. 이와 같은 알레르기나 두드러기는 나타나는 현상을 진정시킬 수는 있어도 원인을 알기는 어렵다고 한다.

아이가 칭얼거려서 밤새 못 자거나 새벽 방송을 위해 서너 시간 자고 나올 때면 더 심했다. 어디에서 어떻게 두드러기가 날지 전조증상도 없다 보니 어느 날에는 멀쩡히 새벽 방송을 하고 아침밥을 먹는데 앞자리에 앉은 PD가 밥 먹는 사이에 퉁퉁 부어버린 내 눈을 보고 깜짝 놀라는 거였다. 거울을 보니 그 사이 눈이 권투선수 마냥 부어 있었다. 면역력 저하는 1년 동안 지속되었고 1년의 고생 끝에 일만큼이나 건강의 소중함을 깨달았다.

5년 만에 가진 둘째는 쌍둥이 딸이었다. 쌍둥이라 조산 위험과 임신 기간 내내 싸워야 했고 심지어 임신성 당뇨를 겪으면서 먹는 것조차 마음대로 할 수 없었다. 비타민D 부족 진단을 받고 여러 이유로 태아보험까지 거절당하면서 어떻게 하면 이 아이들을 건강하게 낳을 수 있을까 집중적으로 고민하며 지냈다. 특히 내가 아이를 낳을 즈음 있었던 대형 병원의 신생아 사건은 나로 하여금 더욱 출산을 단단히 준비하게 만들었다. 그야말로 임신이라는 전공의 모든 학과 수업은 다 듣는 기분이었다.

배우자를 육아 동반자로 만드는 법
불행 중 다행인 것은 남편이 육아의 달인으로 거듭나게 된 것이다. 사실 결혼 전만 해도 남편은 아이를 별로 좋아하지 않는 남자였다. 그리고 첫째를 낳았을 때도 육아 초보생이라 (대부분 남편이 그렇겠지만) 실수 연발이었다. 특히 아빠들은 딸바보는 있어도 동성의 아들에게는 좀 혹독한 편이다. 본인이 군대 선임인 줄 안다. 올바른 사내로 키워야겠다는 목표로 훈육 하나를 하더라도 거칠었다. 자신도 그렇게 컸다는 항변 아닌 항변을 하면서 아이와 늘 기싸움을 했다.

울음이 가득한 집에서 온 가족이 지쳐갔다. 아이와의 싸움은 늘 부부싸움으로 번지곤 했다. 훈육 문제는 '그래서 아이를 어떻게 키울 것인가'라는 대주제로 번져 100분 토론이 되곤 했다.

답은 없었다. 어차피 이야기해도 뜻대로 되지 않는 것이 육아이고 부모의 계획대로 크지 않는 것이 아이였으니 말이다. 하지만 그 치열한 기간에 남는 것은 있었다. 우리는 그렇게 이야기하고 이야기하고 또 이야기하면서 진짜 부부가 되고 진짜 부모가 됐다.

남편과의 싸움을 두려워하지 말자. 물론 부드럽고 교양 있게 대화로 풀 수 있으면 더 좋다. 하지만 나처럼 감정이 넘쳐서 이야기하다 보면 품위는 던져버리고 치졸한 말싸움으로 끝나더라도 괜찮다. 치졸한 말싸움을 많이 해봐서 아는데 이것조차도 하다 하다 지치면 나중엔 서로를 연민하게 된다. 그리고 육아라는 주제는 늘 비슷하게 반복되기 마련이라 점차 그 강도는 약해지고 결국 우리는 이 주제를 함께 헤쳐나가야 할 동지라는 것을 인지하게 된다. 이야기하지 않으면 감정의 골은 풀어지지 않고 서로에 대한 이해는 멀어진다. 대화하면 공유하는 부분은 많아지고 말싸움의 빈자리는 유머가 채우게 된다. 단, 서로를 비하하는 말은 하지 않는다. 우리 부부는 서로 존댓말을 쓰는 것이 도움이 됐다.

대화가 상대를 다른 사람으로 바꿔주진 않는다. 대화한다고 해서 서로가 다른 인격을 형성하게 되는 건 아니다. 하지만 대화가 육아를 바꿀 수 있고, 대화를 통해 남편을 육아의 주체자로 끌어들일 수 있다.

단, 이 세 가지는 반드시 지키자.

첫째, 서로를 비하하는 말은 절대 하지 말자. 비하할 상대와 결혼한 거라면 더 비참하다.

둘째, 우리는 결국 우리 아이를 위해서 이 대화를 하고 있는 것을 잊지 말자.

셋째, 행동으로 나의 주장이 옳다는 걸 보여줄 수 있는 문제라면 굳이 길게 말할 필요 없다. 어차피 그는 시간이 지난 뒤 내가 옳았다는 걸 깨닫게 될 것이다.

워킹맘을 힘들게 하는 건 너무나 많다. 일단 아이는 너무나 사랑스럽지만, 엄마가 쉬운 꽃길을 가게 두지 않는다. 주변의 엄마들은 지킬박사와 하이드처럼 어떨 때는 아군이 되기도 했다가 어떨 때는 적군이 되기도 한다. 그리고 회사에 가면 이미 아이를 어느 정도 다 키운 엄마들, 아이가 초등학교 고학년이나 중학생

쯤 된 여자 상사나 선배들은 마치 기억상실증에 걸린 것처럼 한참 고군분투하는 엄마들에게 너무나 쉽게 '요즘 워킹맘은 훨씬 편해졌지', '너만 힘들어? 다 그런 거야'라는 말로 상처를 주기도 한다. '우리 와이프는 안 그러던데?'라며 워킹맘에게 돌을 던지는 남성 동료도 있다.

육아의 고충을 알면서도 회식에 참여하지 않는다고 수군거리거나 자신의 아내는 안쓰럽게 여기면서 남의 와이프에게는 엄격한 동료 사이에서 견뎌내려면 적어도 나의 남편만큼은 내 편이어야 한다. 남편을 내 편으로 만들지 않고서는 일과 육아의 양립은 힘들다.

수많은 난관은 워킹맘을 물리적으로 힘들게 하지만, 그보다 더 견디기 힘든 것은 끊임없이 워킹맘에게 죄책감을 가지게 한다는 점이다. 밸런스가 일 쪽으로 기울면 '아이를 내팽개친 엄마'가 되고, 밸런스가 육아 쪽으로 기울면 '엄마 욕심에 직장 다니면서 자기 몫도 못해내고 육아 핑계를 대는 프로답지 못한 사람'이 된다. 어느 쪽엔가는 늘 미안한 마음을 가지게 만든다. 일도 잘하고 아이도 잘 키우고 싶은 욕심이 때로는 허무해지기도 하고, 가끔은 어느 쪽에서도 제대로 인정받고 있지 못하다는 생각에 회색분자가 된 것처럼 슬퍼지기도 한다.

그럴 때 나는 남편에게 '당장 나를 칭찬해'라고 이야기한다. 남편에게는 '와이프 기 살리기' 칭찬 리스트가 있다. 별거 아니더라도 나의 장점을 몇 가지 꼽아서 진심을 담은 리액션으로 이야기해주는 것이다. '나 잘하고 있지?'라는 질문에 평소보다 더 크게 동의해주고, 별거 아닌 것도 크게 칭찬해준다.

칭찬을 듣다 보면 속상했던 마음도 잦아들고 나와 우리 가족에게 그다지 중요하지도 않은 사람들 말에 그렇게 휘둘릴 필요가 있나 싶은 생각이 들었다. 모두를 만족시키려고 애쓰기보다는 가장 중요하다고 생각하는 것에 우선순위를 매겨놓고 그 우선순위에 집중하자.

그리고 잊지 말아야 할 것은 칭찬에는 피드백이 중요하다는 것이다. 칭찬을 받고 내 마음의 평온이 온 뒤에는 반드시 남편에게도 똑같이 칭찬하기를 시행한다. 언제나 잊지 마라. 나만큼 나의 배우자도 최선의 노력을 다하고 있다. 늘 강해 보이는 남편에게도 칭찬은 필요하다.

육아하는 남편은 친구 같은 아빠가 된다

특히 쌍둥이를 임신하고 전혀 움직이지 못할 때 써먹었던 방법이 있다. 주말이 되기 전마다 아빠와 아이의 이번 주 놀기 주제를 정해주는 것이다. 나는 인터넷 검색에 강한 편인데, 매주 아빠와 함께하기 좋은 체험학습이나 놀이 장소를 물색해서 입장권까지 깔끔하게 해결해놓는다. 남편이 야구를 좋아하기 때문에 야구시즌에는 아이와 같이 갈 수 있게 자리를 끊어서 준다. 아이는 몸으로 노는 걸 좋아하니까 기상예보에 이번 주는 날씨가 좋다고 하면 야외 놀이동산 입장권을 준비해놓는다.

'아빠 어디가'라는 프로그램이나 '슈퍼맨이 돌아왔다'를 보면서 '우리 아이도 아빠와 저렇게 시간을 보내면 어떨까?' 하고 생각한 엄마들이 많을 것이다. 주말만이라도 내가 PD가 되고 남편과 아이가 출연진이 되어 멋진 작품 하나를 찍을 수 있게 판을 만들어주자. 무조건 왜 누워만 있느냐, 아이가 놀고 싶어하는데 아이 좀 봐라고 잔소리하는 것이 아니라 계획을 제시해주는 것이다. 아이와 둘이 나가면 아이 챙기랴, 입장권 사랴, 줄 서 있으랴, 혼자 할 수 없는 일이 많다. 요즘은 왠만한 입장권이 인터넷으로 미리 결제가 가능하니 초반부터 진 빠지지 않도록 처리해놓는다. 그리고 작가 콘티처럼 가는 곳의 지도나 놀기 좋은 순서, 식당 위치, 주의사항 등을 체크해서 전달해준다.

최근에 아빠와 베이블레이드 대회에 나간다고 신 나 하는 아들을 보면서 이 방법이 이제 꽤 잘 통한다는 생각이 들었다. 이제는 남편이 먼저 이번 주는 이러이러한 곳에 가고 싶으니 준비해 달라고 요청하기도 한다.

남편은 늘 아이와 친구가 되고 싶다고 이야기한다. 아마 요즘 아빠들 대부분이 친구 같은 아빠를 꿈꿀 것이다. 하지만 어릴 때부터 좋은 친구 관계로 차곡차곡 쌓아놓지 않고 다 큰 아이와 그제야 친구가 되려고 하면 결코 평생 친구가 될 수 없다. 저축도

해놓지 않고 만기에 목돈을 찾으려고 하는 꼴이다. 처음부터 부부가 육아 동반자가 되어서 아이와 함께해야 남편이 원하는 친구 같은 아빠가 될 수 있다. 물론 엄마도 마찬가지이다.

남편의 변화와 변함없이 보내주는 믿음은 지금까지 나에게 큰 힘이 되어주고 있다. 그 힘이 없었다면 육아는 훨씬 고통스러 웠을 것이고, 고통은 나의 일에까지 영향을 끼쳐 결국 일과 육아의 행복한 양립은 불가능했을 것이다. 그렇다면 그가 처음부터 훌륭한 남편과 아빠였는가 하면, 그건 아니다. 훌륭한 남편이었으면 좋겠다는 마음으로 결혼한 건 맞지만, 그가 얼마나 훌륭하고 멋진 아빠가 될 것인가까지는 예측할 수 없었다. 남편을 곁에서 보면서 존경하게 된 점 중 하나는 그가 스스로의 '완벽하지 않음'을 인정하고 매 순간 훌륭하고 현명한 아버지가 되기 위해 부단히 노력한다는 것이었다.

미숙함을 인정할 때 비로소 성장할 수 있다. 가끔 우리 부부는 말한다. 아이가 우리에게 와주었기 때문에 우리는 서로 더 소중하게 여기며, 사랑하며 살 수 있게 되었다고. 아이를 통해 더 멋진 남자가 되어준 남편이 있었기에 나는 더 멋진 미래를 꿈꿀 수 있었다.

워킹맘이 꼭 알아야 할 꼼수육아

엄마가 비즈니스맨이 된다고 해서 아이의 가정교육을 포기해야 하는 건 아니다. 완벽할 순 없지만 나름의 방법은 얼마든지 있다. 나도 워킹맘 엄마에게서 컸고 지금은 세 아이를 키우는 다둥맘이라는 것도 이야기했으니, 꼼수 육아의 몇 가지 노하우를 공유해볼까 한다.

느린 육아법이 좋을 때도 있다

아이는 믿고 기다려 줘야 한다. 나도 첫째를 키울 때는 늘 조바심이 났다. 또래에 비해 걷는 것도 느린 것 같고 말도 느린 것 같았다. 다른 아이들은 하루가 다르게 성장하는 것 같은데 우리 아이만 성장이 더딘 것이 엄마가 일하기 때문인 것 같았다. 하지만 시간이 지나면서 아이는 조금씩 자신의 힘으로 본인이 해야 할 것들을 하나하나 해냈다. 비교하지 않아도 된다. 아이가 해야 할 것을 부모가 반 발 먼저 이끌어주어야 할 때도 있지만, 아이가 하는 것을 반 발 뒤에서 지켜보며 따라가 주어야 할 때도 있다.

요즘은 정보가 넘쳐나기 때문에 첫째 아이이거나 자녀가 하나인 부모들은 자꾸 먼저 앞서 간다. 하지만 앞서 가봐야 멀리 가지도 못하는 것이 육아라는 달리기이다. 첫째와 둘째의 성장 속도가 다르고 아들과 딸의 성장속도가 다르듯, 결국 아이가 자신의 보폭을 정하기 때문이다.

꼼수육아 팁

그래도 걱정이 된다면 여러 가지 분야 중 이것 하나만큼은 잡아주고 가자. 바로 책 읽기를 통한 사고하기, 말하기다. 살면서 다른 분야는 적성에 맞게 그때그때 시키면 되지만 책 읽기와 사고하기, 말하기는 어떤 일을 하건 기본이 되는 영역이다. 물론 나 역시 아직 육아가 어렵고 허점투성이다. 영어면 영어, 과학이면 과학, 심지어 예체능까지 완벽한 교육을 추구하는 워킹맘이라면 여기의 조언은 패스해도 좋다. 다른 분야는 자신 없고 내가 연세대학교 논술특기자, 토론대회 출신이다 보니 국어논술과 말하기 분야에 국한해서 노하우가 조금 있다.

언어를 잘 쓰는 아이가 되는 데에는 책만 한 도구가 없다. 단,

부모가 바쁘다고 해서 무조건 전집으로 사는 건 금물이다. 읽어야 할 책이 넘치도록 쌓여 있으면 오히려 잘 읽지 않게 된다. 우리 어릴 때에 책꽂이에 가득 꽂혀 있던 과학전집과 위인전집을 기억할 것이다. 다 읽지도 못하고 동네에 찾아온 도서아저씨에게 중고로 판매했던 기억이 있다.

물론 요즘은 아이들 전집이 워낙 잘 되어 있어서 피해가기가 어렵다. 그렇다면 기본이 되는 창의동화나 자연전집만 한 세트 정도 마련하고 이후에는 각 인터넷 문고의 어린이 도서 상위 링크의 책을 주목하자. 그리고 매달 육아 잡지에서 추천해주는 책들이 있는데, 그중 아이가 관심을 보이는 책을 한 권씩 구입하는 것이 좋다. 아이로 하여금 서점에서 책을 사는 행위가 주는 즐거움을 알게 하는 것도 중요하다. 글은 넘칠 때에는 흥미로울 수 없다.

더 좋은 것은 독서 토론이다. 한 명이 열 권의 책을 읽는 것보다 열 명이 한 권의 책을 읽고 이야기를 나누는 것이 좋다는 이야기가 있다. 책을 반복적으로 읽고 함께 책에 관해 이야기를 나누는 것이 훨씬 더 중요하다는 뜻이다. 하루 딱 30분, 아이가 읽은 책에 관해 이야기를 나눠라. 이 과정만 꾸준히 지켜도 자기 생각을 설명할 수 있는 아이로 키울 수 있다.

회의를 주도하는 법

1. 효율적 회의를 방해하는 자를 제거하라

회의 자리가 늘 아름다운 것은 아니다. 하루에 미팅이 많을 때는 5개 이상씩 머리가 아플 때까지 진행되는 때도 있다. 그런데 사실 회의의 횟수가 많을 때보다 한 번의 회의를 하더라도 회의가 꼬이고 엉뚱한 방향으로 헤맬 때 더 힘들다. 아무리 효율적인 진행을 추구하더라도 뜻대로 되지 않을 때가 태반이다. 그 이유는 바로 회의태클자들 때문이다. 회의를 할 때는 단호한 어조보다는 질문형식으로 접근하고 상대방의 의견보다는 자료나 해석에 대한 반론을 하고, 상대방이 논리적으로 옳다면 깨끗이 승복할 줄 알아야 한다.

회의태클자의 정체를 확인하는 체크사항은 대략 세 가지다.

1) 자신과 사적인 친분이 있는 사람의 의견은 무조건 찬성한다.

2) 주제에 벗어난 이야기를 자꾸 한다.

3) 자신에게 이익을 주는 방향이 아니면 무조건 배척한다.

위 세 가지에 해당하는 사람이 발견된다면 이번 회의는 가는 길이 조금 험난할 수 있다. 물론 회의를 하다 보면 의견이 다르거나 충돌하는 일은 빈번하게 일어날 수 있다. 그런데 상대방의 의견을 무시하거나 책망하는 스타일이 있으면 더 힘들어진다. 이럴 때 회의태클자를 격파하는 비법을 하나 소개한다.

바로 정확한 근거에 의거하여 이야기하는 것이다. 대부분 이런 회의에서는 '카더라 분석', '카더라 수치'가 많이 등장한다. '내가 어디서 들었는데 말이야'로 시작하는 경우도 많다. 하나의 사례가 전체를 대변하는 것처럼 이야기되기도 한다. 그래서 회의가 끝나고 나면 흔히 '목소리 큰 사람이 이긴다'거나 '직급대로 결정된다'고 푸념하게 된다.

끝까지 결정사항을 받아들일 수 없다면 회의 자리에서 정확히 짚고 넘어가는 것이 좋다. 톤은 호의적이지만 태도는 논리적으로, 감정적으로 이야기해서는 회의를 주도할 수 없다. 그리고 자신이 말할 정보의 정확한 원천을 반드시 찾아보고 확인하라. 요즘은 정보의 투머치 시대이다 보니 가짜 뉴스가 많다. 그래서 자신의 주장이 어떤 근거에서 나왔는지를 제대로 표현하지 못할 때가 많다. 만약 중요한 사항이라면 1차 참고문헌의 출처를 찾는 정도에 그치지 말고 참고문헌의 참고문헌을 찾고 또 찾아서 묻고 따져나가자. 그러다 보면 실질적인 해법을 얻을 수 있다. 그리고 뒷받침되는 자료들을 명확히 제시해서 회의태클자가 반박할 수 없게 만들어라.

2. 회의 중간중간 내용은 정리하고 다음 주제는 확실히 말하라

회의태클자를 격파했다면 회의를 주도하기 조금 쉬워졌을 것이다. 다음으로 중요한 것은 회의의 소주제가 마무리될 때마다 반드시 회의 내용을 정리하는 것이다. 회의 시간은 짧은 시간에 효율적으로 진행해야 한다고 많은 전문가가 조언하지만, 실제 회의 자리에서는 긴 시간 중구난방으로 말이 이어지는 경우가 많다. 그래서 회의가 끝나고 나면 회의 내용이 어떤 식으로 정리되었는지 헷갈릴 때가 많다. 회의를 주도하고 싶다면 소주제가 끝날 때마다 지금까지 이뤄진 논의의 핵심을 정리하고 혹시 업무 분담을 했다면 담당자까지 명확하게 짚어주자.

그러면 다음 회의 주제로 넘어갈 때에도 주도적으로 이야기를 진행할 수 있고 한두 사람에게 업무가 집중되는 것도 막을 수 있다. 회의를 시작할 때는 이 주제에 대해 왜 꼭 회의를 해야 하는지도 반드시 정리하자. 그리고 다음 주제로 넘어갈 때는 명확하게 주제를 짚고 회의를 시작하자.

4장

비즈니스의
90%는
기획이다

유행하는 아이템에는
이유가 있다

홈쇼핑을 보면 채널을 불문하고 어느 순간 여기저기에서 다 나오는 상품들이 있다. 그런 상품은 대부분 한곳에서 엄청난 히트를 쳐서 다른 홈쇼핑의 MD들이 방송 요청을 한 케이스다. 모 연예인이 모델인 쿠션 팩트는 입소문이 나면서 홈쇼핑뿐만 아니라 온라인 마켓에서까지 대박을 내기도 했고, 예능 프로그램에서 인기가수가 해외에까지 가져갔다는 마스크팩은 워낙 여기저기 모든 홈쇼핑에서 방송해서 '내가 어느 홈쇼핑에서 구입했는지 헷갈린다'고 말하는 소비자가 있을 정도다. 날씨가 추워지면서 일명 '분유포트'라고 불리는 티포트가 인기를 끌자 브랜드명만 다른 비슷한 제품들이 여기저기에서 방송되었다.

건강식품의 경우에는 재료도 재료지만 제형 상태가 유행을 이끄는 경우가 많은데, 작년 한 해를 흔들었던 아로니아는 가루 형태가 국내산 원물 형태나 마시는 액체 형태보다 훨씬 큰 사랑을 받았다. 어떤 형태로 먹느냐가 흔히 말하는 대박 아이템이 되느냐 마느냐를 결정지은 것이다.

히트 상품은 온 홈쇼핑에서 볼 수 있는 것 외에도 여러 경로를 통해 홍보된다. 동네 사우나에 가도 주부들이 들고 있고 운동센터에 가면 런닝머신마다 놓여 있고 블로그나 SNS에서 흔히 볼 수 있다. 쇼핑은 어느 시대를 막론하고 필수불가결이다. 다만 소비자들이 수많은 상품 중 어떤 상품에 지갑을 여느냐의 차이가 있을 뿐이다. 소비자의 마음을 사로잡은 유행템, 인기템은 과연 어떻게 만들어지는 걸까?

모두가 만들고 싶은 대박 상품, 어떻게 만들지?

이런 유행템이나 인기템, 요즘은 국민**이라는 식의 수식어가 붙는 대박 상품은 우연이라기보다는 대부분 철저한 준비 끝에 성공했다.

요즘 기업들은 마케팅 차원의 PPL을 하는 경우가 많다. 드라마나 인기 예능에서 지속적으로 입거나 먹거나 하는 모습을 보여주어 소비자와 제품과의 거리감을 좁히고 제품에 대한 호감도와 관심도를 높이는 기초적인 방법이다. 예전에 드라마 여주인공이 했던 머리띠와 액세서리가 드라마의 인기와 함께 완판되어 화제가 된 적이 있다. 이때는 지금처럼 PPL문화가 자리 잡기 전이라서 인기를 끌고 나면 비슷하게 만들어진 이미테이션 제품이 거리 여기저기서 판매되곤 했다.

지금은 조금 더 체계적이다. 어느 시간대에 어떤 드라마의 어떤 사람이 제품을 노출할 것인지도 하나의 콘셉트에 포함된다. 자신을 잘 가꾼 40대 초반의 여배우가 아름다운 이국을 여행하면서 캐주얼하지만 품위 있게 입은 아웃도어 패딩은 30대~50대 여성들에게 골고루 사랑을 받았다.

화목한 대가족이 모여서 식구의 안녕과 성공을 축하하는 식사 자리에 불빛으로 오리고기나 삼겹살을 편하게 구워가며 먹는 모습을 주말 드라마를 통해 보여주면 전국의 주부들은 제품에 한 번 더 눈이 간다. 지속적 노출이 아니더라도 요즘은 공항패션, 기자 간담회, 사인회 등에서 셀럽이 무심히 바른 립스틱, 신고 나온 구두가 눈길을 끌게 한 뒤 홈쇼핑을 통해 역으로 판매하기도 한다.

인기 있는 제품은 시대성을 반영한다

어떤 제품이든 이렇게 인기 있는 제품들은 그 시대의 필요성을 일정 부분 반영한다. 야근하는 사람, 집안일에 치이는 사람 할 것 없이 모두가 업무로 과열된 시대에 마사지기가 큰 사랑을 받는 것처럼 제품의 인기는 사회상을 보면 어느 정도 예상이 된다.

채소나 과일에도 유행이 있다. 예전에는 비타민 부족 시대이다 보니 비타민이나 기본 영양소에 집중했다면, 최근에는 이런 기본 영양소는 오히려 과잉이다. 이제는 현대인의 생활병이라는 당뇨나 시력 약화, 과체중이 대두가 되다 보니 이와 관련된 먹거리가 인기를 끌고 있다. 당을 조절하는 돼지감자나 여주는 이미 한 차례 엄청난 사랑을 받았고, 이제 맛까지 보완한 다음 먹거리가 시대의 히트 상품으로 예상된다.

스마트폰을 손에서 놓지 않는 현대인들의 고민인 시력을 지켜줄 보안상품이 끊임없이 나올 것이다. 시력보호의 핵심 물질 중 하나가 바로 잘 알려진 안토시아닌인데, 이 안토시아닌이 얼마나 많이 들어 있느냐에 따라 인기가 옮겨지고 있다. 처음 블루베리 열풍으로 시작해서 아로니아, 아사이베리, 마키베리, 빌베리까지 점점 진화하고 있다.

콜레스테롤, 비만과 관련된 상품들도 당분간은 인기를 지속할 것으로 보인다. 불규칙한 식사나 육류 중심의 식단, 기름을 많이 쓰는 요리법 등으로 인해 이와 관련된 먹거리가 국산, 수입할 것 없이 관심을 끌고 있다. 재작년에는 코코넛오일이 화제였다면, 작년에는 아보카도가 새롭게 부각되었다. 그런데 나는 이 아보카도와 재밌는 인연이 있다.

사실 아보카도가 유행하기 전에 원물 아보카도를 앞서서 방송한 적이 있었다. 5년쯤 전이었는데, 연령대를 불문하고 고객들의 구매율이 현저하게 떨어져서 아직 아보카도를 원물로 홈쇼핑에서 구매한다는 것이 얼마나 낯선가를 실감할 수 있었다. 그러다 3년 전쯤 먹기 좋게 큐브 형태로 잘리고 보관성을 높인 냉동 아보카도를 다시 방송하게 됐다. 이때는 젊은 층 사이에 아보카도가 조금씩 알려지기 시작하고 가로수길에서 아보카도를 이용한 메뉴들을 선보이던 때라 젊은 구매층의 주문만 있었다. 여전히 40대 이상 고객들은 생소하다는 반응이었다.

이때만 해도 나 역시 그렇게 몸에 좋다고 하는데 정작 이유식으로 만들어보니까 아이가 잘 안 먹어서 맛이나 요리에 대해 엄청 고민했었다. 확실히 자주 쓰지 않는 식재료이다 보니 접근성이 떨어지는 느낌이었다. 그 뒤 2017년에 다시 한 번 아보카도 오일을 방송하게 됐다. 이때는 아보카도가 식용유처럼 발열점이 높은 오일 형태로 만들어졌다. 아보카도의 영양은 살리면서 한국인들의 흔한 요리법인 구이와 튀김에까지 사용할 수 있는 기름 형태로 나온 것이다.

결국 아보카도 오일은 낯설다는 그동안의 인식을 뚫고 20대부터 50대, 60대에게까지 큰 사랑을 받는 제품이 되었다. 제품의 맛과 사용법이 훨씬 쉬워진 건 말할 것도 없다. 콜레스테롤이나 비만에 관한 관심이 지속된다면 건강한 오일의 인기도 계속될 것이다.

현장에 가면 답이 있다

나는 방송이 결정되면 두 가지 원칙을 꼭 지킨다.

첫째, 직접 사용해볼 것. 쓰다 보면 어느새 나도 그 상품의 매력에 빠지게 된다. 내가 먼저 쓰면서 필요성을 공감한 상품이어야 다른 사람에게도 권할 수 있다. '팔고 싶은 상품'이 아니라 '쓰고 싶은 상품'을 보여줘야 한다. 그래야 사랑받는 제품이 된다. 그리고 쓰다 보면 장점뿐만 아니라 단점도 알게 된다. 일부러 나쁜 물건을 만드는 회사는 없다. 이 정도면 괜찮겠지라는 생각으로 만든 제품을 먼저 써보면서 부족한 점이나 보완점을 찾는다. 그래서 방송 전에 수정할 수 있다면 더욱 좋은 상품을 판매할 수 있다.

둘째, 현장에 가볼 것. 현장에 답이 있다. 제품이 국내에서 만들어졌거나 국산 먹거리라면 수확 현장이나 제조 현장에 가보고, 외국 상품이라면 대형 매장 등 그 제품과 비슷한 제품들이 선판매되는 현장에 가본다. 그리고 사면서 판매원에게 일반 주부의 입장에서 질문한다. 알아도 묻는다. 다른 사람들은 이 제품을 접할 때 주로 어떤 질문을 하는지, 이 제품의 장점은 무엇인지, 선판매되는 곳의 이야기를 들으면 제품의 강점을 알 수 있다. 그리고 더 좋은 것은 제조 현장이나 수확 현장에 가는 것이다. 눈으로 직접 신선도를 확인하고 품질의 우수성을 제대로 느낄 수 있다.

제조 현장에서는 위생뿐만 아니라 만드는 과정의 어려움이나

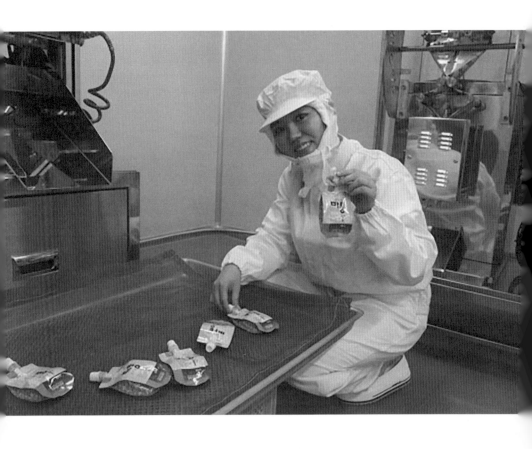

히스토리까지 알게 된다. 서류로 보는 몇 단계 공법이 직접 현장에서 보면 전혀 다른 차원의 공법일 때가 많다. 사진으로 보는 손질법은 직접 현장에서 해보면 보는 것과 다르다.

쇼핑호스트, 홈쇼핑뿐 아니라 현장에 답이 있다는 건 분야를 막론하고 마찬가지이다. 비즈니스맨은 책상 앞에서 만들어지지 않는다. 현장의 이야기를 담아내는 비즈니스맨이 성공한다.

모든 것이 빨라지는 시대에도 빈틈은 있다. 모든 인기템은 오직 필요성이라는 이유로만 움직이는 것 같지만 사실 감성의 요소도 작용한다. 밥솥이 기술력에 기술력을 더하는 첨단 제품이 되어갈 때, TV에 정겨운 시골에서 두런두런 가마솥으로 요리하는 모습이 나오면 우리의 감성은 자극을 받는다. 추억의 누룽지와 솥뚜껑 삼겹살, 타닥타닥 타들어가는 불꽃소리가 화면을 뚫고 오감을 자극한다. 외국의 유명한 밥솥이나 첨단 전기밥솥이 쏟아지는 가운데 전통 미니가마솥이 인기템이 된 이유가 아닐까?

될 만한 콘텐츠, 안 될 콘텐츠
알아보는 법

지금까지 수많은 상품을 방송하고 판매해왔다. 홈쇼핑에서는 '매출이 인격이다'는 과격한 표현이 있을 만큼 14년간 수천 개의 상품이 매출에 좌우되는 것을 보면서 그때마다 마치 그 상품의 개발자가 된 심정으로, 때로는 그 상품의 소비자가 된 심정으로 지켜봤다.

모든 업체가 성공하길 바랐지만 어떤 업체는 열심히 준비하고도 실패해서 다시는 동일 상품을 판매하지 못하기도 하고, 부도가 나거나 심지어 사업자 대표가 인생을 포기한 경우도 있었다. 또 어떤 업체는 본인들의 예상보다 훨씬 웃도는 성공을 해서 공장 부지를 넓히고 1년 만에 사옥을 세우기도 했다.

어느 순간 궁금해졌다. 그들의 운명은 어디에서 갈린 것일까?

도대체 잘되는 사업과 망하는 사업의 차이는 무엇일까? 비슷한 기능, 심지어 비슷한 디자인인데도 어떤 상품은 소비자의 외면을 받고 어떤 상품은 소비자의 환호를 받았다. 그 차이점은 무엇일까?

바로 정답은 콘텐츠에 있었다. 콘텐츠는 상품의 영혼과도 같다. 동시에 상품의 출발점이기도 한다. 그리고 될 만한 콘텐츠는 반드시 경제적인 성공을 가져온다. 특히 지금과 같은 스마트 미디어 환경에선 더욱 콘텐츠의 유무에 따라 성공과 실패가 갈린다. 기술은 따라 하기 쉽고 상품은 국가를 막론하고 효율성에 의거해 만들어지며 품질력은 대부분 어느 정도 비슷한 수준까지 올라와 있다. 그리고 상품평이나 상품 리뷰, 유저들의 네트워크는 더욱 활발해지고 유통의 이야기 공간은 우후죽순으로 생겨나 있다. 아주 쉬운 방식으로 제품이나 브랜드, 시스템의 선호도와 호불호를 공유할 수 있다.

이와 같은 환경에서 살아남는 콘텐츠들은 공통점이 있었다.

성공하는 상품은 무엇이 다를까?

내가 지켜본 결과 잘되는 상품에는 반드시 사람들의 흥미를 유발하는 이야기 콘텐츠가 있었다. 마트만 가도 요즘은 즉석요리 코너가 따로 있을 정도로 간편식에 대한 관심이 뜨겁다. 홈쇼핑에서도 이미 예전부터 이런 반가공 형태의 음식이나 조리형 식품들이 많이 방송되었다. 나 역시 1년에 만나는 상품 중 반 이상이 간편식이다. 그런데 가만히 살펴보니 수많은 간편식 중 대박이 나는 경우의 특징을 발견했다. 바로 이야기 콘텐츠가 있는 경우였다. 그런데 이 특징이 간단한 것이 아니었다. 미묘한 차이가 있었는데, 이야기 콘텐츠에도 '기초'와 '심화'가 있는 것이다.

콘텐츠의 기초는 주로 팩트(Fact)이다. 이 팩트는 명확해야 한다. '이 상품은 1년의 개발 기간을 거쳤다', 'A간편식은 강남의 A음식점의 레시피를 재현해서 만든 음식이다', 'B간편식은 B요리사가 개발에 참여했다' 등이 좋은 예다. 이와 같은 내용은 방송하기 전에 상품 미팅을 하면서부터 확인이 가능하고 그에 따른 파급력도 예측이 가능했다. 팩트가 가진 매력에 의해 노출 초반에 상위 검색되거나 관심의 대상이 된다. 하지만 장기적으로 사랑을 받기에는 2% 부족하다. 이것만으로는 반짝 상품이 되는 경우가 많았다.

심화는 이야기 콘텐츠의 깊이다. 즉 팩트와 팩트 사이에 맥락이 있어야 한다. 이야기 콘텐츠라고 하면 무조건 무형의 것이라고 생각하기 쉽지만, 내 경험에 의하면 심화 단계의 이야기 콘텐츠는 그 이야기 속에 유형의 캐릭터가 있고 심지어 캐릭터가 가진 매력이 소비자의 마음을 이끌었다.

이연복 쉐프의 탕수육을 방송할 때 이런 이야기 콘텐츠가 주는 힘을 느꼈다. 물론 그 당시 요리사들이 15분 동안 요리 대결을 펼치는 프로그램을 통해 이연복 쉐프가 인기를 끌고 있는 상황이기도 했지만 그중에서도 이연복 쉐프의 요리는 하나하나 사연이 있는 경우가 많았고 그 사연들이 기사화가 되었다. 이연복 쉐프에 대한 관심이 높아질수록 그의 어린 시절이나 요리에 대한 열정, 아픔, 그가 운영하는 가게의 철학도 주목을 받았다.

물론 이연복 쉐프의 경우, 홈쇼핑 방송을 위해 일부러 이야기 콘텐츠를 만든 것이 아니라 쉐프가 긴 세월 동안 쌓아온 이야기를 가진 경우였고 이 콘텐츠가 우연히 홈쇼핑과 맞아떨어진 사례이다. 탕수육 방송이었지만 상품에 대한 자랑보다 인물에 관한 이야기가 사람들의 마음을 움직인다는 것을 이 방송을 하면서 실감할 수 있었다. 이런 이야기 콘텐츠의 깊이는 한순간에 만들어지기는 어렵고 시간을 두고 브랜드 스토리를 쌓아가는 노력이 있어야 한다.

사실 전국 판매를 목표로 하는 간편식의 경우 맛과 위생을 위해서라도 탕수육뿐 아니라 대부분 음식들이 비슷한 형태거나 비슷한 제조 과정을 거치는 경우가 많다. 하지만 이렇게 이야기 콘텐츠의 힘을 가진 상품은 먹는 순간 단순히 음식을 먹는 것이 아니라 이야기를 맛보는 느낌을 갖게 한다. 사람의 마음에 남는 심화 콘텐츠는 성공한다.

콘텐츠가 있음에도 실패하는 상품

이처럼 이야기 콘텐츠가 없다면 당연히 성공하기 쉽지 않다. 그런데 가끔은 이야기 콘텐츠를 갖고 있음에도 실패하는 경우가 있다. 왜 그런 걸까? 누구나 이런 심화 콘텐츠를 가지길 꿈꾸고 성공을 원한다. 하지만 왜 모두가 그런 결과를 얻지 못하는 것일까?

나는 이 또한 옆에서 지켜보면서 결정적 비밀을 알게 되었다. 바로 콘텐츠 메이커의 열정 차이였다. 사실 사업 시장에 발을 딛고 서 있는 비즈니스맨이라면 누구나 콘텐츠의 중요성을 인지하고 공감할 것이다. 문제는 그래서 얼마나 열정을 가지고 뛰어들었는가이다. 콘텐츠 메이커가 열정을 가지고 있지 않은 콘텐츠 관련 사업은 훌륭한 결과를 내기 어렵다.

그저 주목도를 높이기 위해서 이야기의 흐름과 상관없이 아무 지역명이나 붙인다거나 딱히 연관도 없는 모델이나 브랜드를 내세우는 것은 소비자들에게 별 감흥을 주지 못한다. 또는 지난번 사업에서 잘됐으니까 이번 시즌에도 잘될 거라는 안이함을 가지고 있는 콘텐츠 메이커도 성공하기 어렵다. 실제로 시즌별로 상품을 운영하는 경우, 시간이 지나면 점점 상품의 이야기 콘텐츠에 신경을 덜 쓰게 되고 이미 노출한 콘텐츠를 반복하기도 한다.

그런 안이함은 곧 결과로 나타난다. 자신이 만드는 콘텐츠에 스스로도 매력을 느끼지 못한다면, 타인에게 감명 깊은 콘텐츠가 될 가능성은 낮다. 자신이 생산하는 콘텐츠 주제에 진정한 애정을 갖는 것이 성공을 결정짓는 가장 강력한 변수이다.

잘되는 콘텐츠와 안 되는 콘텐츠의 차이를 알고 나니 더욱 여성에게 기회가 될 수 있다는 확신이 든다. 시대는 앞으로도 가치 소비를 할 것이다. 더욱 심화될 것이다. 왜 누군가는 가격이 비싼데도 밤을 새워서 한정판 상품을 구매하기 위해 기다리고, 누군가는 기업의 윤리 문제로 불매 운동을 할까? 사람들은 누구나 현명한 소비를 하길 원하기 때문이다. 현명한 소비란 단순히 저렴하게 잘 샀다는 개념이 아니라 좋은 상품을 샀다는 기쁨과 동시에 훌륭한 이야기 콘텐츠를 알아봤다는 만족감까지 갖고 싶다는 뜻이다. 소비자는 일회성 소비가 아니라 스스로 충성고객이 되고 싶어 한다.

이들을 만족시킬 만한 콘텐츠를 가지고 있는가? 열정적인 이야기 콘텐츠는 브랜드력이 되고 돈이 된다. 그리고 우리는 자신에게 그 중심에서 콘텐츠 메이커가 될 수 있는지 물어보아야 한다. 가장 좋아하는 일을 해야 한다. 그래야 비즈니스맨이 되어 후회 없는 시간을 보낼 수 있다.

국민 프로듀서가
원하는 것을 캐치하라

요즘 대세는 그야말로 국민 프로듀서다. 내가 PICK(선택)한 연습생이 아이돌이 되는 과정을 담은 모 쇼프로그램은 나이를 불문하고 다양한 시청자들에게 사랑을 받았다. 좋아하는 외모, 성격, 실력을 갖춘 연예인을 만들고 서포트하고 싶어하는 DIY형 시대의 특징을 고스란히 담은 예능이 아니었을까?

비즈니스 또한 DIY형 시대에 맞춰 변하고 있다. 고객 참여 브랜드가 많아지고 고객 참여 제품이나 사용자 중심의 시스템이 비즈니스에까지 반영되고 있다. 의상이나 가방을 내가 원하는 대로 만들어 입는 MTO(Made to Order) 서비스도 늘고 있다.

예전의 홈쇼핑이 주로 저렴한 상품을 박리다매 형태로 판매했다면, 이제는 사용자의 요구에 맞춰 바뀌고 있다. 이런 사용자의 요구를 가장 긴밀하게 느끼는 사람은 상품의 MD일 것이다. MD의 업무가 바로 소비자들의 마음을 열 수 있는 상품을 개발하고 소싱하는 것이기 때문이다. 그래서 깨어 있는 비즈니스맨이 가장 많은 곳이 MD분야이고, 실제로 창업이나 이직으로 이어지기 쉬운 쪽도 MD파트이다.

나도 일에 대해 자각하면서 MD들에게 많이 자극받고 아이디어 도움을 받았다. 방송하면서 만나게 되는 MD들에게 현장의 많은 것을 배운다. 이들이 느끼는 소비자의 욕구와 시장의 흐름이 쇼핑호스트인 나에게는 마치 국민 프로듀서의 의견을 반영하는 것처럼 보인다.

방송하기 전에 몇 인분을 판매할 것인지, 어떻게 상품을 포장할 것인지, 얼마에 판매할 것인지를 미리 MD와 업체가 조정해서 정하는데, 요즘은 동시간대에 방송을 하면서 1번은 대용량, 2번은 실속 구성으로 혼합하여 선택할 수 있게 세팅하는 경우가 종종 있다.

혼밥이 유행이지만 초라한 혼밥은 싫다. 그러다 보니 역설적으로 함께 먹는 1일 친구가 되어주는 프로그램이 나오기도 하고, 아침 식사를 주는 오피스텔이나 식사만 공동 부엌에서 함께 하는 원룸텔이 생기기도 한다. 밥을 먹는 모습만 찍어서 운영하는 유튜브 채널이 있기도 하고, 한 끼를 먹더라도 멋지고 맛있게 먹을 수 있게 배달해주는 앱이나 사업도 있다.

이런 현상의 비밀은 혼자 며칠 동안 밥을 먹다 보면 알게 된다. 혼밥은 편하지만 근본적 외로움은 피할 수 없다. 아무리 맛있는 음식을 먹어도 나눌 수 없는 건 슬프다. 좋은 음식을 저만 먹으려고 사는 엄마는 없는 것처럼, 맛집을 발견하면 친구를 데려가는 것처럼 누군가와 함께하고 싶은 마음이 있다. 이런 행위에서 행복을 얻을 수 있기 때문이다.

그래서 혼자서도 간편하게 먹을 수 있지만 누군가와 함께 먹기에도 좋은 레시피를 안내해주기도 하고, 1인식으로 포장되어 있지만 맛이 있다면 다음 구매에서는 대용량으로 구해할 수 있게 만들기도 한다. 연애할 때 멀리까지 가서 한참 줄 서서 맛보던 생새우가 먹고 싶지만 아이 키우고 회사 다니느라 가지 못하는 주부에게 생새우를 기절시켜서 해수얼음을 넣어서 배송해주기도 한다. 냄비에 깔아서 구울 수 있는 천일염까지 넣어서 말이다. 이런 모든 것을 기획하는 비즈니스 마인드의 MD 옆에 있는 것만으로도 배울 게 너무 많다.

상품 그 이상의 마음을 사는 사람들

쇼핑호스트들은 생동하는 아이디어를 불어넣어 국민 프로듀서의 선택에 기여한다. 그런데 생동하는 아이디어를 불어넣으려면 공감능력이 있어야 한다. 공감능력이 없는 아이디어는 허황될 뿐이다. 오히려 소비자의 반감을 살 수도 있다. 공감대를 바탕으로 사람들이 원하는 모습이 무엇인지, 알고 싶은 내용이 뭔지 통찰할 수 있는 능력이 필요하다.

10인분의 갈비를 팔기로 결정했다면 이제부터는 어떻게 할 것인가? 같은 10인분을 팔아도 결혼 전 나의 스토리텔링과 신혼 부부로 살 때의 스토리텔링과 아이가 하나여서 10인분도 여유 있을 때의 이야기와 아이가 셋이 되어 양념에 밥까지 볶아 먹어야 할 때의 이야기는 다를 수밖에 없다.

예전에 임신으로 한참 일을 쉬고 있을 때 타사의 모 쇼핑호스트가 10만 원 정도의 옷을 팔면서 '우리 이 정도는 살 수 있잖아요?'라는 이야기하는데 울컥한 적이 있다. 쌍둥이 출산 비용으로 이래저래 걱정이 늘던 시기여서 더욱 그랬던 거 같다. 누군가에게는 '요즘 친구랑 나가면 밥 먹고 차만 마셔도 10만 원이던데요?'라고 하는 돈이 누군가에게는 아끼고 아껴 쓰는 이번 주 생활비가 될 수도 있다.

홈쇼핑에 점점 비싼 상품들이 나오는 것도 사실이지만, 여전히 동네 재래시장에는 1,000원도 깎는 이웃들이 있다. 20대가 쇼핑을 하는 시간대도 있지만 아침에 가족들을 출근시키고 홈쇼핑을 보는 주부도 있다. 일주일 내내 일하고 하루 쉬는 날 겨우 TV를 트는 사람도 있지만 아이들 다 결혼시키고 집에서 매일 리모콘만 잡고 있는 어머니도 있다.

타인의 입장에서 한 번 더 생각하는 것은 어렵지만, 그것이 비즈니스맨의 자세이다. 자기 입장만 생각해서는 결코 세상을 통찰할 수 없다. 다른 사람의 말에 귀 기울이고, 자세히 들어야 봐야 통찰력이 생긴다.

통찰력을 선물해준 아이들

소비 시장에서는 여성 소비자가 압도적이라서 이미 여성 국민 프로듀서를 겨냥한 다양한 마케팅을 준비하고 있다. 10대 여성에게 자궁경부암 백신을 지원한다거나 출산 여성을 고려한 신생아 필수 육아용품을 지원하기도 한다. 4050세대 여성에게는 갱년기 질환과 관련한 건강 강좌를 진행하거나 60대 이상 저소득층 여성을 대상으로는 중증질환에 드는 의료비를 지원하는 등 여성의 생애 주기에 맞춰 지원한다.

남성에 대해서도 마찬가지다. 생애 주기에 맞춰 고객의 삶에 기여할 방법들이 연구된다. 이제는 상품을 싸게 많이 파는 것보다는 소비자의 삶의 질까지 높여주는 사회적 가치를 담은 비즈니스가 주목받는 시대이다.

예전에는 커피머신이나 믹서기의 엔진소리가 크게 들리지 않았다. 내가 감당할 수 있었던 '소리'였던 것이다. 그러다 갓난아이를 키우면서 작은 소리도 '소음'이 된다는 사실에 귀가 트이기 시작했다. 현관벨소리, 냉장고 문 여닫는 소리도 다르게 들렸다.

마개 뚜껑도 어른인 나는 아무렇지 않게 열기 때문에 몰랐는

데 아이의 모습을 관찰하면서 위험하진 않은지 점검하게 됐다. 나 중심의 눈높이에서는 알 수 없는 것들이 주부, 엄마라는 국민 프로듀서의 시각을 배우면서 보이는 것이다.

우리 남편은 아이와 잘 놀아주는 아빠이지만 아이의 이야기를 위에서 듣다 보니 정작 아이가 말하고 싶어 하는 것을 놓치거나 이해하지 못할 때가 많았다. 하지만 나는 아이와 눈을 맞춰서 이야기를 듣기 때문에 아이가 용기 내서 하는 이야기들을 더 잘 알아듣는다. 듣는 귀가 점점 발달한다. 아이들은 내게서 일을 뺏은 것이 아니었다. 오히려 아이를 낳고부터 생긴 경험들이 앞으로의 나를 이끌어갈 통찰력이 되었다.

나는 나이 차가 나는 사람들과도 엄마라는 이유만으로 공감대를 이루었다. 쌍둥이 임신 때 조산 위험이 있어 6개월 동안 외출도 못하고 환자처럼 누워 있기도 해봤다. 마음이 하늘을 날 때도 있지만 땅끝으로 떨어져 보기도 했다.

이 모든 경험은 나 중심일 때는 할 수 없는 결정들이었고, 그럴 때마다 나는 많은 사람의 이야기를 듣고 공감했다. 그리고 복직했을 때 다시 한 번 상품 이상의 것을 판매해야겠다고 다짐했다. 입으로 기계적으로 이야기하는 사람이 아니라 최선을 다해서 고객에게 하나부터 열까지 진심을 전하는 방법을 고민했다. 이처럼 삶에 기여하는 비즈니스맨이 되어가고 있다.

새로운 것에
유연하게 대처하는 법

비즈니스의 대가들을 만나거나 비즈니스 서적을 읽어보면 하나같이 입을 모아 하는 말이 있다. 비즈니스에 있어서 '새로움'은 필수라는 것이다. 어떤 비즈니스든 오래되면 루틴해진다. 사용자 혹은 소비자들이 처음에는 신선하게 여겼던 시스템이나 새로운 상품들도 시간이 지나면 어느 순간 당연하게 받아들여진다. 비즈니스에 있어서 늘 새로운 기획이 중요한 이유도 바로 이 때문이다.

그렇다면 비즈니스맨들에게는 숙명과도 같은 '새로움'을 선택해야 하는 순간은 언제일까? 가장 새로운 것을 받아들여야 하는 순간은 역설적으로 바로 가장 안정적인 때이다.

정도의 차이는 있겠지만 우리는 누구나 새로움을 추구하는

DNA를 가지고 있다. 아기조차도 매일 보는 인형에 심드렁할 때가 있고 새로운 선물에 눈을 반짝인다. 나 역시도 어릴 때부터 호기심이 강하고 새로운 것에 도전하는 걸 좋아했다.

가장 안정적으로 공부했던 고3 때 토론대회에 나간다거나 갑자기 단편소설을 쓰기 시작했다. 어떤 새로운 선택을 하든 준비가 완벽하게 됐다거나 실력이 월등했던 건 아니었다. 다만 남들이 볼 때 군이 그 선택을 하지 않아도 될 것 같은 안정적인 타이밍일 뿐이었다. 새로운 선택을 해야 할 타이밍도 아니었지만, 나는 안정적인 순간이면 늘 그 안정감을 경계했다. 양식 조리사 자격증과 스피치 지도사 자격증을 따려고 마음먹었던 것은 2014년, 2015년 회사에서 최고 쇼핑호스트로 상을 받은 해였다.

늘 양적 성장만을 목표로 한다면 새로움을 선택한다는 건 부담스러운 일이다. 새로움을 받아들이는 데 있어 실패 비용을 먼저 생각할 수밖에 없기 때문이다. 하지만 내가 생각하는 '새로움을 선택한다는 것'은 다음 계단으로 올라가는 변화만을 목적으로 하는 것이 아니라 옆으로 한 스텝을 옮겨주는 유연함도 포함한다. 매번 수직적인 스텝 업만이 변화의 목적이 된다면 우리는 경직될 수밖에 없다.

물론 새로운 것을 시작할 때는 늘 어려움이 따른다. 아무리 살짝 옆으로 한 스텝 옮기는 작은 변화라 할지라도 두렵다. 이게 진짜 내가 원하는 것일까 하는 의문이 계속 든다. "그걸 꼭 해야

겠어? 굳이 그 변화가 지금 필요할까?"라는 주변의 한마디가 나의 변화를 주저하게 한다. 내가 선택하는 변화가 특히 비즈니스 업무와 관련되어 있을 때는 성과를 내기 전까지 더욱 그렇다.

새로운 포맷으로 시도했던 '가족의 식탁'이라는 프로그램이 있다. 홈쇼핑에서는 늘 진정성을 이야기하지만, 사실 소비자들은 늘 '저게 진짜겠어?'라는 의구심을 갖는다. 그래서 그동안 쇼핑호스트가 "저도 씁니다. 저희 가족도 좋아합니다"는 이야기를 말로만 했다면, 이 프로그램은 PD와 쇼핑호스트, 업체 담당자의 가족들을 초대해서 스튜디오에서 함께 먹고 이야기하면서 진행하는 리얼리티 홈쇼핑 프로그램이었다.

소비자들에게 제안하고 싶은 요리는 매주 각자 자신의 부엌에서 직접 요리하고 가족들이 맛을 평가한 모습을 찍어와서 보여주었다. 언제나 말로만 '저는 집에서 이렇게 합니다'고 했던 방식을 비틀어 진짜를 보여주자는 발상이었다. 좀 어색하면 어떤가? 진짜 가족이 먹는 모습을 보여줌으로써 나만의 방식으로 진정성을 증명하고자 한 시도였다.

하지만 몇 회 시도하면서 매출이 좋지 않자 바로 '전문 모델이 아니라서, 맛있게 먹는 모습이 아니라서, 실제 집이다 보니 화면이 멋지지 않아서 매출이 좋지 못한 것 아니냐'는 비판이 나오기 시작했다. 결국 이 프로그램은 폐지되었지만 나는 지금도 이런 유연함이야말로 홈쇼핑이 가져야 할 특징이라고 생각한다.

호기심과 궁금증으로 무장하라

새로운 것에 유연하게 대처하는 건 뻔뻔해져야 가능하다. 나의 시도에는 언제나 '꼭 저럴 필요가 있나?'는 말이 따라왔다. 굳이 가족까지 노출해야 하느냐고 말하는 사람도 있었다. 하지만 새로움을 시도하다 실패하는 것조차도 다른 경쟁자는 시도하지 못한 경험이다. 실패함으로써 실패를 배운 것이다. 그 실패는 다음 기회에는 전혀 다른 가능성으로 연결될 수 있다. 실제로 '가족의 식탁'은 실패했지만, 그 속에서 배웠던 교훈을 통해 내가 소개하는 상품에 우리 가족의 사용기를 코너 형태로 노출하는 방식으로 고객들과 소통할 수 있게 되었다.

그리고 이 촬영으로 우리 가족은 내 일이 생각보다 훨씬 힘든 과정을 거치는 일이라는 걸 알게 되었다. 일하는 엄마로서 이 정도의 이해를 얻게 된 것도 꽤 큰 수확이었다. 틀릴 수는 있지만 하나를 배웠다고 생각하는 순간 나의 시도는 새롭게 정의된다.

또한, 새로운 것에 유연하게 대처하기 위해서는 다른 일을 하는 사람들과 대화를 많이 나눠야 한다. 아무리 기술이 발전한다 해도 대화를 통한, 언어를 통한 통찰은 필요하다. 특히 나와 다른 방식으로 세상을 대하는 사람들과 우리의 일에 대한 가능성을 상상하고 뜻밖의 곳에서 새로운 아이디어를 얻는 것은 매우 창의적인 일이다.

나는 우리 대학교가 특기자 제도를 실행했던 초기의 학생이었다. 특기자 제도는 지금은 많이 변형되고 부작용으로 규모가 축소되기도 했지만, 당시 수학특기자와 발명특기자와 함께 논술특기자 활동을 하면서 얻게 된 상호작용은 나에게 굉장히 좋은 자극제가 되었다.

나는 이렇게 다른 분야의 사람들과 대화를 나누는 걸 좋아한다. 그들과 대화를 나눌 때마다 깜짝깜짝 놀란다. 이미 대화만으로도 새로운 선택을 한 기분이 든다. 새로운 분야에 대한 대리만족을 한 기분이라고 할까?

우리는 각자 자신만의 새로운 세상에 살고 있다. 그 세상을 나와서 다른 존재감을 가진 사람들과 소통하면서 또 다른 극적 경험을 하는 것은 사람에게 활기를 불어넣는다. 그런 극적 경험 끝에 창의적인 새로운 결과물이 나온다.

지금도 나는 같이 방송을 준비하는 스태프들의 눈에 이 상품이 어떻게 비치는지가 제일 궁금하다. 카메라 감독들은 이 상품이 사고 싶을까? 오디오 감독은 이 상품이 얼마의 가격으로 보일까? 나는 잘 모르는 영상장비를 다루는 전문가의 눈으로, 섬세한 음악을 다루는 감수성 전문가의 귀로 느끼는 차이는 어떨까? 이런 질문들은 나에게도 아이디어를 주지만, 그들에게도 어떻게 더좋은 방송을 만들 것인지 통찰을 한 번 더 하게 만든다. 그리고 이런 대화가 오고 간 뒤에 내가 하는 새로운 핸들링이나 멘트는 그들에게 훨씬 더 와 닿는다.

스튜디오 안에서 눈을 마주 보고 있는 사람들과도 소통하지 못한다면 카메라 앵글 너머의 소비자들과의 공감대는 더욱 불가능할 것이다. 대화로 서로 다를 수 있음을 주고받음으로써 훨씬 더 멋진 결과가 나올 수 있다고 믿는다. 통찰의 동지를 만드는 대화는 당신이 비즈니스맨으로 거듭날 수 있는 충분한 자양분이 된다.

지금 혹시 일이 안정적으로 느껴지는가? 당장 당신의 주변에 당신과 다른 분야에서 신 나게 일하는 그들을 위한 자리를 마련하라. 당신의 세상은 더 넓어질 것이고 비즈니스맨으로의 성과도 달라질 것이다. 마냥 두렵기만 했던 새로움에 대한 대처는 굳이 혼자 할 필요 없다. 동료와 함께 도전할 수 있다. 굉장히 멋진 일이 될 것이다.

적어도 내 분야의 잡지 한 권은
꾸준히 읽어라

우리 집 한 켠의 잡지 공간은 나에겐 작은 도서관이다. 요리 잡지나 최근 주부들이 많이 읽는다는 육아 잡지까지 관심사는 다양하다. 쇼핑호스트 일을 하면서 지금까지 내 분야의 잡지는 반드시 읽는다는 철칙으로 읽어왔다. 잡지는 늘 따끈따끈한 현재진행형의 정보를 알려주기 때문이다. 사람들이 원하는 정보가 모이면 하나의 트렌드가 된다. 트렌드는 개인이 혼자 만들고 익히는 것이 아니다. 그 분야에 관심이 있는 유저들, 사람들이 가진 생각의 흐름이자 사회의 기조를 말한다.

사실 정보는 인터넷에도 넘쳐흐른다. 하지만 인터넷으로 습득하는 정보는 주제에 맞춰 사용자가 직접 검색해야 한다. 그런데 인터넷에 너무 많은 정보가 있다 보니 어떤 검색어로 찾느냐에 따라 정보의 홍수 속 내비게이션은 달라진다.

하지만 잡지는 모든 것을 내가 직접 서치할 필요가 없다. 이미 노련한 편집자를 통해 걸러진 결정체이다. 편집자, 또는 편집팀은 빠르게 정보를 캐치하고 그 정보를 주제에 맞춰 조합하여 한 권의 잡지로 만들어낸다. 내가 원하는 정보를 습득하는 시간을 줄여주면서도 정보의 밀도나 스프레드는 훨씬 마음에 든다. 이렇게 만들어진 잡지는 읽는 것만으로도 정보의 흐름과 현재의 트렌드를 편하게 알 수 있게 도와준다.

잡지가 선물해준 매진

매년 가을이 되면 캘리포니아 호두를 방송했는데, 담당 쇼핑 호스트로서 캘리포니아 호두의 특별함이 뭘까 고민하게 됐다. 결론적으로 호두가 성장하는 환경이 아닐까 생각했다. 왕복 20시간이 넘는 거리의 캘리포니아 호두 농장에 관한 이야기를 얼마나 실감 나게 하느냐가 중요한 포인트였다. 농산물이 자라고 수확되는 현장의 신뢰감에 따라 매출이 오르락내리락하기 때문이다.

그때 나에게 큰 도움이 되었던 기사가 있다. 푸드 잡지에 나온 미국 캘리포니아 호두 농장 투어기를 다룬 기사였다. 신문에 다뤄졌다면 짧은 꼭지 기사였겠지만, 수학능력시험을 앞둔 시점이라 이달의 잡지에서는 학생들에게 좋은 건뇌식품 기획기사로 여러 페이지를 할애해서 호두를 다루고 있었다. 올해 캘리포니아 농장의 날씨, 화산이 호두 농사에 주는 영향, 여의도보다 몇 배나 되는 면적의 공장에서 수확된 호두가 어떤 시스템으로 포장되는지 등을 자세히 다루고 있었다. 그 덕분에 잡지를 읽는 것만으로도 마치 내가 호두 농장을 참관한 것처럼 정보를 얻을 수 있었다.

특히 이맘때쯤 홈쇼핑뿐 아니라 대형마트나 온라인 마켓에서도 캘리포니아 호두가 워낙 많이 수입돼서 홈쇼핑 방송만의 차이점을 부각하기가 어려웠다. 심지어 일부 양심 없는 업자들이 작년에 호두를 수입해놨다가 포장만 올해 해서 가격을 다운시켜 저렴하게 파는 바람에 더욱 방송에서 신선한 햇호두의 매출을 끌어올리기가 쉽지 않았다.

이 문제를 어떻게 해결할까 고민하던 중에 나는 내가 방송할 제품의 품질을 하나씩 다시 점검해보았다. 그러다 마침 잡지에서 읽었던 '호두에도 등급이 있다'는 문장이 떠올랐다. 마치 우리나라 한우처럼 캘리포니아 호두에도 등급이 있다는 농장 관계자의 인터뷰를 다룬 기사였다.

'어? 몇 년을 방송하면서도 한 번도 호두 등급에 대해서는 언급한 적이 없는데?' 진짜 명확한 등급 기준이 있었다면 그동안 방송에서 소구하지 않았을 리 없었다. 그런데 알고 보니 그전까지 호두 방송을 하면서 호두 등급에 대해 크게 이야기하지 않았던 이유는 캘리포니아 호두를 수입하는 과정에서 딱히 우리나라의 기준으로 적용하여 등급을 매기지 않았기 때문이었다.

이 기사를 읽어본 뒤 뭔가 좋은 소재가 될 것 같았던 나는 한국에 있는 캘리포니아 호두협회에 문의한 끝에 재미있는 사실을 알았다. 우리나라에는 법적인 규격이 없지만 캘리포니아에는 자체적으로 농장마다 검수과정에서 품질 등급이나 요건 기준에 따라 'extra NO.1'이라는 호칭을 붙인다는 것이었다. 그리고 깐깐한 농장은 아예 10단계로 등급을 나눈다고 했다.

그래서 나는 이런 내용을 방송 멘트로 풀어서 호두 품질에 대한 신뢰를 줄 수 있는 소재로 활용했다. 심지어 캘리포니아 농장에 연락해 바둑판 같은 품질 등급판에 놓인 1~10단계 품질의 호두를 공수해와서 한국의 고객들이 눈으로 확인할 수 있게 해주었다. 그 덕에 방송 시간을 채우기도 전에 엄청난 주문 열기 속에서 호두가 매진되었다.

전문가를 나만의 선생님으로 하는 법

시장은 제철 먹거리의 시세를 조사하기 좋고, 잡지는 제철 먹거리를 한 박자 먼저 만날 수 있게 해줘서 좋다. 다가올 계절에 어떤 음식을 먹어야 할지, 계절과 시기를 관통하는 음식의 트렌드도 읽게 해준다. 그리고 요리 전문가들이 제철 식재료를 어떻게 다양하게 활용하는지 보여준다. 늘 먹던 익숙한 방식부터 새롭게 제안하는 레시피까지 다뤄주기 때문에 방송에서 유용하게 사용할 수 있다.

내가 자주 했던 방송 중에 꿀 방송이 있다. 꿀 방송을 해보니 꿀 자체가 가지는 옛스러운 이미지, 고정관념이 있다는 사실이 늘 아쉬웠다. 꿀은 워낙 예전부터 엄마들이 활용하는 특유의 방식이 있고, 어른들은 귀하게 한 숟가락씩 쓴다는 인식이 있다 보니 여러 병을 자주 구매하는 식재료가 아니다. 그러다 보니 방송 때 재구매가 빠르게 일어나지 않았다.

그런데 어느 날 잡지에서 이 꿀이 외국에서는 천연 감미료로 뜬다는 기사를 보았다. 단맛을 찾는 사람들을 위해 설탕 대신 꿀을 활용하기 시작했다는 유명 요리사의 인터뷰였다. 꿀에 허브를 믹스해 고르곤졸라 피자를 찍어 먹는다거나, 한국식으로 꿀에 매운 청양고추를 썰어서 청처럼 담가놓았다가 제육볶음과 같은 요리에 활용하면 단맛과 매운맛, 감칠맛까지 낼 수 있다는 팁이었다. 인터뷰대로 집에서 만들어보니 정말 굉장히 맛있었다.

잡지는 전문가를 나만의 선생님으로 만들어준다. 우리가 만나기 어려운 각 분야 전문가의 인터뷰 기사를 매달 또는 매주 따끈따끈하게 전해준다. 그리고 기사를 통해 전문가의 노하우를 엿볼 수 있다. 나는 이 기사 덕분에 꿀 방송을 하면서 매번 똑같이 떡을 찍어 먹거나 수삼을 찍어 먹는 비슷한 활용법에서 벗어나 새롭고 다양한 활용법을 알려줄 수 있었다. 그리고 소비자들도 홈쇼핑을 통해 여러 병의 꿀을 구매하는 부담감을 줄이게 되어 이 레시피는 몇 주에 걸쳐 계속 방송을 통해 소개되었다. 디스플레이만 해놔도 눈길을 끌기 때문이다. 예쁜 병에 담긴 노란 꿀 속의 다양한 채소들을 상상해보라.

아보카도 오일을 론칭할 때는 잡지를 통해 알게 된 레시피를 응용해서 오일에 허브를 믹스해서 먹는 방법을 준비했다. 물론 전문 요리사라면 이미 쓰고 있는 방법일지 모르지만, 나처럼 평범한 주부에게는 과정 자체가 도전이었다. 이처럼 잡지를 보고 찾은 방법들을 방송 때 응용하니까 훨씬 방송 내용이 풍부해졌다. 덕분에 아보카도 허브 오일을 선보였던 론칭 방송에서도 매진을 이어갈 수 있었다. 잡지를 읽는 것만으로도 실력 있는 전문가를 옆에 둔 것 같은 든든함을 느낄 수 있다.

하나의 팁을 더 주자면, 내 분야의 잡지를 꾸준히 읽는 데 여유가 생겼다면 나의 비즈니스 분야가 아니더라도 취미나 관심 분야의 잡지 하나 정도는 더 구독하는 것이 좋다.

내 경우에는 아버지가 통풍이고 시어머니가 간이 안 좋으셔서 부모님 건강에 뭐가 좋을지 찾아보고 싶은 마음에 의학 잡지를 읽기 시작했다. 전문서적은 부담스럽고 어려우니 쉽게 접근하기에는 의학잡지가 좋다. 그런데 읽다 보니 의학 서적들도 100% 약에 관한 이야기가 아니라 음식에 관한 이야기를 하고 있었다. 접근하는 방식이 요리잡지의 전문가들과 다를 뿐이지 결국은 식치(食治)라는 것이다.

약식동원(藥食同源)이라는 말이 있듯이 결국은 내가 먹는 음식이 내 몸을 만든다는 생각으로 의학 전문가들도 다양한 음식 이야기를 다루고 있었고, 그 안에는 내가 활용할 소스들이 매우 많았다. 마치 잡지를 통해 대화를 나누는 느낌이었다.

어차피 우리는 세상의 모든 역할을 다 해볼 수 없고 모든 분야를 다 체험할 수도 없다. 그러므로 '잡지'라는 창을 통해 간접체험하면서 대리만족하고 수준에 맞춰 정보를 얻는 것이다. 같은 사안에 대해서도 관점에 따라 얼마든지 다양한 해석이 가능하므로 나의 시각뿐만 아니라 다른 각도의 시각도 배울 수 있어야 한다.

잡지 속 비즈니스

또 하나 잡지를 읽어야 하는 이유는 광고카피 때문이다. 광고는 한 줄의 미학이라고 한다. 광고를 만드는 사람들의 이야기를 들어보면 한 줄의 카피를 만들어내기 위해 몇 날 며칠 제품을 연구하고 많은 조사를 하고 카피가 사람들의 마음에 강한 충격을 줄 수 있도록 감성적인 부분까지 고민한다고 한다.

이런 과정을 거친 광고의 카피나 제품의 이미지 컷을 보면 응축된 세일즈 노하우를 엿볼 수 있다. 잠재적 소비자인 독자에게 강한 인상을 주기 위한 광고를 살피는 것은 비즈니스맨에게는 큰 공부가 된다.

감성 광고가 유행하는 시기에는 제품의 장점보다는 감수성을 담은 문구 한 줄에 힘을 주고, 이성적인 광고가 유행하는 시기에는 제품의 장점이 눈으로 확인되는 다양한 실험과 인터뷰가 광고에 활용되기도 한다. 이런 유행의 흐름을 고민하며 잡지를 읽다 보면 비즈니스를 할 때에도 도움이 된다.

개인적으로 잡지를 읽는 이유에 마지막 첨언을 하자면 스피치 스킬을 위해서도 잡지를 활용하길 바란다. 글을 써보면 안다. 한 줄의 문장을 완성하기 위해 속으로 얼마나 하고 싶은 말을 되뇌는지. 따라서 그렇게 완성된 문장 한 줄 한 줄을 읽다 보면 나의 화술도 업그레이드될 수밖에 없다. 실제로 무릎을 치는 멋진 어휘나 비유는 방송에서 써먹기도 하면서 스피치 기술에 도움을 받았다. 또, 다양한 잡지 속에 멋지게 쓰인 칼럼리스트의 글을 꾸준히 읽다 보니 누구와 어떤 소재로도 대화할 수 있을 것 같은 자신감도 따라왔다.

이처럼 스피치를 위한 작은 노력이 바로 잡지 읽기가 될 수 있다. 독서라고 해서 부담 가질 필요 없다. 잡지는 가볍게 읽을 수 있다. 하지만 꾸준히 읽는다면 분명 경쟁력이 된다.

효율적으로 기록하기

1. 해시태그를 사용한다

선임자에게 업무를 지시받을 때나 멘토링 시 미션을 받게 되면 반드시 기록하자. 그리고 자신이 한 메모를 보여주고 확인하면서 일을 진행하면 훨씬 더 좋은 어드바이스를 기대할 수 있다. 단, 명확하고 명쾌한 언어로 기록하라. 업무를 지시한 사람도 한눈에 알아볼 수 있는 기록해야 우리의 대화가 어떤 식으로 진행되었는지를 돌아볼 수 있다.

막내라면 회의 시 기록을 담당할 때가 많다. 시키지 않아도 미리 자처하라. 모든 회 내용을 정리하다 보면 내 일뿐 아니라 일의 전체 흐름을 알게 되고 그것이 자산이 된다.

가끔 기록을 통해 일의 흐름을 정리하다 보면 상사나 선임자가 부탁하지 않은 것도 반 발짝 앞서서 필요한 것이 보이게 되는데, 이럴 때 센스 있게 준비해보자. 업무를 잘 파악하고 있다는 점수까지 딸 수 있다.

요즘 인스타그램을 많이 하는데 이때 항상 꼬리처럼 달리는 것이 바로 해시태그다. 검색할 때에도 해시태그만 모아서 볼 수 있는 것처럼 기록할 때에도 해시태그 방법을 활용하자. 중요한 단어들을 네이밍으로 적어놓으면 나중에 시간이 지나도 원하는 것을 쉽게 찾을 수 있다. 나는 방송을 준비하면서 상품에 관한 내용을 기록해놓을 때 해시태그를 적는 것처럼 파일명을 정리해놓는다. 그러면 나중에 같은 상품을 방송하게 될 때

유용하다. 그리고 기록의 내용을 한마디로 정리하는 습관이 만들어져서 차후에 기록 내용을 타인에게 전달할 때도 전달력이 높다.

2. 손으로 쓰기

때로는 손으로 정리하는 것이 아이디어를 떠올리는 방법이 되기도 한다. 요즘은 컴퓨터로 쉽게 적고 저장하지만 내 경우에는 손으로 기록할 때 좀 더 깊게 생각하게 된다. 그래서 아이디어가 떠오르지 않고 막혔을 때는 일부러 노트 기록을 활용한다. 대신 시간을 제한해놓고 적어본다. 그러다 보면 마감을 앞둔 작가처럼 초인적인 힘이 나기도 한다. 이런 마감 상황으로 자신을 몰아넣으면 확실히 자극이 되는 듯하다. 특히 방송용 큐시트로 쓰이는 영단어카드만 한 사이즈의 톡톡한 재질의 종이가 있는데, 이 종이를 활용해서 기록하고 방송 시 활용하면 훨씬 매끄럽게 이야기할 수 있다.

3. 한 장으로 정리하기

나는 멘토링을 할 때에도 기록을 중요시하는 편이다. 후배들에게도 준비에 대해서나 느낀 바를 페이퍼로 정리하라고 요구하는데, 대화로 해도 될 것을 왜 군이 적어야 하느냐고 묻는 후배들이 있다. 하지만 확실히 한번 흘러가는 말보다 간단하게라도 기록하는 것이 생각을 정리하고 기억하는 데 유용하다. 그리고 무작정 '더 생각해와'라고 미션을 주는 것보다 '한 장으로 정리해봐'라고 이야기하면 더 구체적으로 생각의 방향을 잡는다.

단 많은 양을 기록할 필요는 없다. 한 장을 정리하더라도 자신의 업무에 도움이 될 수 있도록 기록하는 것이 중요하며, 자신만의 레이아웃을 만들어놓으면 훨씬 더 눈에 잘 들어온다. 색깔을 활용한다거나 필체를 다르게 한다거나 스티커 등을 활용해서 자신만의 방법으로 기록하자.

5장

성공하는
비즈니스
노하우

100% 준비될 때를
기다리지 마라

http://blog.naver.com/rollia

내 블로그 주소다. 들어가 보면 제일 첫 페이지에 'Social host 1기 석혜림'이라는 소개가 반긴다. 원래는 개인적으로 운영되던 사적인 블로그였는데, SNS가 관심을 받으면서 2012년도에 회사에서 몇 명의 쇼핑호스트들을 선발했다. 그 바람에 회사 전체의 행사를 안내한다던지 방송 소개를 하는 등 홍보 기자단처럼 포스팅하게 되었다.

개인적으로는 이미 2008년부터 블로그를 하고 있었지만 100% 몰입해서 운영한 것은 아니었기 때문에 이때부터 회의도 하고 전문가들도 만나면서 공을 들여 포스팅하기 시작했다. 결과적으로 쇼핑호스트 직무를 하면서 동시에 전문 블로거들처럼

SNS 홍보 마케팅을 운영하기란 쉽지 않아서 지금은 다시 개인적인 나만의 블로그가 됐다.

주변에선 시간만 낭비했다거나 준비도 없이 너무 성급했던 것 아니었냐는 아쉬운 소리도 있었지만, 나는 후회하지 않는다. 결과와 상관없이 과정에서 많은 것을 배웠기 때문이다. 해보지 않았던 기술적인 도전도 할 수 있었고, 내용을 포스팅하면서 내 생각을 정리하는 기회가 됐기 때문이다. 그리고 이 과정에서 새롭게 알게 된 고마운 사람도 많다. 보관법을 포스팅했던 글을 아이패드에 넣어서 방송에서 고객들에게 직접 안내해줄 수도 있었다. 번거롭고 시간도 많이 드는 작업이었지만 즐거운 프로젝트였다.

만약 이 준비가 100% 될 때까지 기다렸다면 나는 이런 즐거움을 누릴 수 있었을까? 먼저 시작했기 때문에 주위 사람들에게 조언도 들을 수 있었고 결과물을 가다듬는 기회가 된 것은 아닐까?

흔히 일을 할 때 100% 준비가 완료될 때를 기다리다 보면 어느새 다른 누군가가 선점해버린 때가 많다. 세상은 나를 기다려주지 않는다. 무슨 일이든 기다리다 보면 새로움은 지루함이 되고 신선함은 익숙함이 되어 '어디선가 본 것'이 되어 있다. '아! 나도 그 생각했는데!'라는 이야기를 자주 하는 사람이 있다. 생각만 하는 것으로는 아무것도 시작할 수 없다. 그 일을 진짜 시작하는 것이 진정한 출발이다.

사실 우리는 너무나 바쁘고 언제나 바쁘다. 내가 새롭게 하려는 일은 따로 부지런하게 시간을 내야 하지만 익숙하게 해오던 많은 일은 일상이라는 이름으로, 업무라는 이름으로 늘 존재하기 때문이다. 늘 하는 일만으로도 우리의 하루는 가득 차 있다. 그러니 다른 일을 시작하거나 다른 분야의 실력을 기르는 데 있어서 100% 준비 완료란 지극히 어렵다. 미루는 것이 훨씬 쉽다. 결국 시작하지 않으면 핑계가 생긴다. 100% 준비된 시작이 아니라도 좋다. 하면서 채워나가면 된다.

절실하다면 바로 시작하라

무슨 일이든 절실하다면 바로 시작하라. 시작하면서 배우고 고쳐나가면 된다. 출발할 때는 모르겠지만, 언제 시작하느냐에 따라 결과에서 엄청난 차이가 난다.

한국장학재단과 함께 '대학생 멘토링 과정'을 재능기부로 진행한 적이 있다. 대학생 때 대안교육에 관심을 가졌을 때나 방송쪽 일을 처음 시작했을 때 나는 도와주는 이가 없어서 너무나 막막했다. 그래서 이쪽 분야의 일을 해보려는 학생들을 정말 돕고 싶었다. 길은 보이지 않고 경제적인 이유나 물리적인 시간 부족으로 쉽게 시작조차 하지 못하는 학생들을 멘토링 해주는 일이었다. 그때 만났던 학생들을 보면서 든 생각이 있다. '시작해보자'고 하더라도 진짜 시작하는 사람은 많지 않다는 것이다.

그리고 30주 동안 멘토링을 진행하면서 학생들과 만날 때 또 하나의 차이를 발견했다. 나와 만날 때마다 어떻게든 그 시간을 놓치지 않고 자신이 원하는 것을 얻어가고자 하는 학생들은 조금 부족하더라도 연습해온 것을 보여준다거나 따로 집에서 연습한 영상을 통해서 코칭을 받았다.

반대로 아직 준비가 안 됐다며 보여주지 않거나 자신 없다며 뒤로 빠지는 학생들도 있었다. 30주 뒤 처음과 끝을 비교해보니 이 두 부류 학생들의 성장 결과가 크게 달랐다. 출발 선상에 선 용기만큼이나 과정에서 절실함을 가지고 끝까지 달리는 용기도 필요하다.

학생들을 보면서 어릴 적 내 모습이 떠올랐다. 예쁘지도 않고 별다른 재능도 없어서 방송에서 용기를 내야 할지 말아야 할지 수많은 시간 고민했다. 나도 절실했지만 쉽게 시작하지 못했던 시간이 있었다. 오히려 뭔가를 하려고 내 딴에 하는 노력이 방송에서 민폐가 될 것 같았다. 선배 쇼핑호스트 옆에 서서 한마디 겨우 하고 나오기도 했다. 그렇게 하고 나오면 왜 나는 기회가 주어졌는데도, 시작했는데도 한발 더 나아가지 못하는지 너무 속상했다.

그런 시간이 있었기에 이제는 알 것 같다. 그때 만약 포기했다면 누군가에게 도움을 줄 수 있는 오늘의 나는 없었을 것이다. 어떤 일을 시작할지 말지 주저할 때는 자기 자신에게 물어보라.

정말 이 일이 미치도록 하고 싶은지, 그리고 정말 하고 싶다면 지금 당장 시작하라고 이야기해주고 싶다.

'말하는 대로'라는 노래가 있다. 오랜 무명 기간을 지나온 국민MC의 솔직한 노래 가사가 많은 사람의 마음에 와 닿았던 노래다. 우리는 늘 알 수 없는 미래에 불안하고 초조하다. 자신의 업무에서 독보적인 사람이 되는 일, 지금까지와는 다른 길에 도전하는 일, 1인 기업으로 새 출발을 하려는 누군가는 당연히 마음 한구석에 불안과 초조를 안고 있기 마련이다.

하지만 그 불안과 초조한 마음을 딛고 이미 당신이 원하는 사람이 된 것처럼 행동하라. 이 책을 펴면서부터 지금까지 머릿속에 그려온 그 사람이 이미 당신인 것처럼 행동하길 바란다. 분명 당신은 그렇게 될 수 있기 때문이다. 그리고 100% 준비된 것처럼 마음먹어라. 준비되지 않은 부분에 대한 걱정보다는 준비된 부분에 대한 감사함으로 일을 시작하면 된다. 결국, 중요한 것은 몇 퍼센트 준비되었느냐가 아니라 당신의 마음속 꿈이 아직 그대로인가이다.

잘되는 아이템, 잘되는 회사가 가지고 있는 것

일단 '잘된다는 것'이 무엇일까부터 짚어보자. 그동안 성공과 실패 사이의 많은 회사와 아이템을 보면서 한두 번 터진 대박은 '잘된다는 것'의 범주로 보기 어렵다는 결론에 다다랐다. 이런 반짝 성공은 그저 '잘될 확률이 높아진 것'쯤으로 봐야 하지 않을까 싶다. 진짜 잘된다는 것은 장기적으로 꾸준하게 목표 이상의 것 달성이라는 조건이 갖춰져야 한다. 일정 기간 이상의 뚝심 있는 성공을 해낸 회사에 관한 이야기를 해보고자 한다.

매 시즌 성공적으로 상품을 판매해온 한 건강식품 회사가 있었다. 항상 적기에 필요한 상품을 기획해오고 상품의 마무리도 물량 오류 없이 깔끔하게 진행해서 같이 일하는 사람들 사이에서 칭찬이 자자했다. 이 회사와 몇 년간 방송하면서 중요한 특징을 찾아냈다. 바로 탁월한 언어법을 가지고 있다는 점이다.

이 회사 사람들은 사장을 비롯해 어떤 직원이 미팅에 참여하든 업무를 지시하거나 보고할 때 간결하게 이야기했다. 자사의 상품에 대한 정리는 항상 미리 페이퍼 형태로 되어 있고, 그 페이퍼를 바탕으로 하고 싶은 이야기를 정리하도록 전 직원이 훈련되어 있었다. 회의를 할 때는 반드시 서두에 오늘 회의의 목적이 무엇인지 이야기하고, 지난 미팅의 결과를 확인하며 상대의 성과나 좋은 점을 인정한 뒤 부족했던 부분에 대해 질문했다.

너무 궁금해서 한번은 "혹시 저희 회사 말고 다른 곳에서 미팅하실 때도 이렇게 하시나요?"라고 물어봤다. 담당자의 답변이 "건강식품은 단순 식품보다 좀 더 기능성을 가지고 있잖아요. 그래서 연구자와 판매자가 하는 일이 워낙 다르다 보니 항상 정확하게 소통을 해야 해요. 작은 커뮤니케이션 오류만 있어도 식약처의 점검 등 큰 문제로 번질 수 있기 때문에 꼼꼼하게 체크하면서 효율적으로 이야기해야 하죠."였다.

이와 같은 언어법은 개인의 업무에도 효율적이지만 전체적인 회사 시스템에도 영향을 끼친다. 서로에게 감정적인 상처를 주지도 않기 때문에 회사의 시스템에도 효율적이다. 문제가 발생했을 때 누군가에게 책임을 미루거나 상대에게 책임소재를 묻는 방식으로 대화를 나누는 것이 아니라, 일의 어느 지점에서 문제가 생겼는지 체크부터 하는 언어법이었다.

선임자에 대한 존중

이런 언어법과 함께 잘되는 회사의 또 하나의 특징은 선임자에 대한 존중심을 갖고 있다는 점이다. 변하는 것이 당연하고 모든 것이 빨라지는 것이 당연한 시대에도 변하지 않는 사실이 있다. 누군가는 먼저 이 일을 해왔다는 사실 만큼은 변하지 않는다. 앞서 멘토링에 대한 이야기도 했지만, 우리는 늘 먼저 길을 걷는 사람들의 노력에 귀를 기울여야 한다.

회사뿐 아니라 사회를 구성하는 과거의 역사, 과거의 건축물이나 문화를 만들어낸 사람들의 노력을 기록하고 기억하지 않으면 그것을 뛰어넘을 수 없다고 말한다. 지금을 이루고 있는 모든 것이 과거 사람들의 열정과 노력으로 만들어졌다는 것을 아는 것만으로도 실수를 줄이고 일의 흐름을 유추할 수 있기 때문이다.

내게도 인생 멘토라 부를 수 있는 선배들이 있다. 요즘도 그 선배들을 만나 나의 업무나 육아에 대한 조언을 듣는다. 간혹 내가 눈앞의 이익에 흔들리는 모습을 보이면 선배는 자신의 경험에 빗대어 날카로운 조언을 해준다. 연륜 있는 선배의 조언을 통해 다시 한 번 자양분을 얻는다.

성장에 있어서 패기와 젊음은 당연한 거름이다. 그래서 늘 성장의 히로인 자리는 미래의 주인공을 위해 비어 있기 마련이고 미래의 주인공은 언제나 새로운 사람으로 바뀐다. 한 회사에서 14년을 근무하면서 무대의 주인공이 바뀌는 모습을 너무나 많이 봐왔다. 존경하는 선배가 최고의 쇼핑호스트 자리에 앉는 모습도 봤고, 그 자리에서 가장 낮은 자리로 내려오는 모습도 봤다. 나 역시도 그 자리에 올라가는 영광을 누리기도 했고 미숙했던 후배가 성장해서 최고의 자리에 오르는 모습을 보기도 했다.

그러면서 깨달은 것은 반짝 성공이 아닌 탄탄한 균형감을 갖고 길게 성공하기 위해서는 앞에서 빛나는 차세대 주역만큼이나 연륜 있고 내공 있는 선임들의 뒷받침이 필요하다는 것이다. 이런 선임들의 노력이나 경험이 제대로 인정되지 않고 고루하고 루틴한 것으로 폄하될 때 성공으로 가는 균형은 무너졌다.

편견 없이 배우자

마지막으로 잘되는 회사나 시스템뿐만 아니라 '잘되는 사람'에 주목하자. 사실 내가 그나마 내세울 수 있는 장점 중 하나는 일에 대한 호기심만큼이나 사람에 대한 호기심이 많다는 것이다. 잘되는 회사나 잘되는 상품을 볼 때도 눈을 반짝이지만 잘되는 사람을 보면 어떤 이유가 있을까 살펴보게 된다. 일을 하다 보면 정말 똑같은 일이 하나도 없는 것처럼, 사람도 겪어보면 신기할 정도로 비슷한 사람이 하나도 없기 때문이다.

비슷한 일을 하는 사람도 겪어보면 제각각 다르다. 아마 그게 바로 개성이 아닐까 싶다. 사실 개성이야말로 인생을 살아가는 데 있어 중요한 무기이다. 방송인 김지선 씨와 방송하면서 그녀가 가진 개성이 참 멋지다는 생각을 했다. 많은 아이를 키우면서 몸에 밴 타인에 대한 배려라든지 기본적으로 몸에 배어 있는 유쾌함은 그녀가 왜 성공한 워킹맘인지 알 수 있게 한다.

같은 워킹맘이지만 배우 김나운 씨에게는 깐깐함과 일에 대한 철저함을 배울 수 있었다. 김나운 씨는 때로는 진솔한 독설 속에 책임지는 리더의 모습을 보이기도 했다. 내가 깐깐하게 해야 다른 사람이 편하다는 이야기에 무릎을 치기도 했다. 이런 경지의 철저함이 있었기에 배우로서 성공할 수 있었구나 하는 생각이 들었다.

유명인뿐 아니라 비즈니스 파트너라고 할 수 있는 성공한 업체 대표들에게도 '잘된 사람'의 개성을 찾아볼 수 있었다. 2대에 걸쳐 혼합곡을 위해 일해온 사장님의 국내산 곡물에 대한 자부심도 본받을 개성이었고, 평생을 마음 놓고 먹을 수 있는 고품질의 수입 견과류에 바쳐온 사장님의 글로벌사업에 대한 가치관도 본받을 개성이었다. 이분들의 철학을 배우는 것만으로도 한 걸음 '잘되기'에 다가간 느낌이었다.

모든 사람의 삶을 직접 살아볼 수 없고 모든 비즈니스를 직접 다 경험해볼 수 없다. 대신 이렇게 만나게 되는 사람들을 살펴보면서 많은 것을 배웠다. 잘된 사람들의 인생을 살펴보는 일을 소홀히 하지 마라. 하나라도 삶의 지혜를 배우고 싶다면 마음과 귀를 열어야 한다.

60분 비즈니스
승부사의 비밀

홈쇼핑에서 식품 방송을 하다 보면 제일 많이 듣는 이야기 중 하나가 '좋겠다, 맛있는 음식 먹어서. 먹기만 하면 팔리는 거 아냐?'라는 말이다. 정말 맛있게 먹기만 해서 성공한다면 참 쉽고 편할 텐지만, 정신 놓고 먹기만 해선 절대 팔리지 않는다. 식품 상품이야말로 고민할 것도 많고 연구할 것도 많다.

일단 소비자는 물건을 살 때 상품평을 참고한다. 하지만 홈쇼핑에서는 심의상 상품평을 노출할 수 없다. 그래서 고객들이 가장 궁금해하지만 보여줄 수 없는 상품평을 어떤 방법으로 표현할 것인지 고민해야 한다. 일단 상품평을 꼼꼼히 읽으면서 이 상품을 어떤 사람들이 주로 사는지, 어떨 때 먹는지, 어떤 점이 불편한지를 파악한다. 꼼꼼하게 읽다 보면 주 고객층에 대한 분석뿐 아니라 그들의 부엌 풍경까지 머릿속에 그려진다. 그 뒤에는 이런 상황들에 대한 경험을 스토리텔링으로 풀어낸다. 고객들이 직접적으로 상품평을 읽지 않더라도 쇼핑호스트의 이야기를 통해 충분히 연상할 수 있도록 돕는 것이다.

똑같은 상품을 팔 때에도 차이를 두어야 한다. 일단 사계절에 따라 먹어야 하는 이유나 요리법이 달라질 수 있다. 전복의 경우, 복날에 먹을 때는 삼계탕에 넣어서 먹지만 휴가철에는 물회나 버터구이로 먹는 모습이 더 설득력이 있다. 겨울에는 해물탕과 같은 뜨끈한 국물에 넣어서 먹거나 전복 영양밥을 해서 먹는 모습이 낫다.

계절뿐만 아니라 소비자의 나이에 따라서도 상품을 소비하는 레시피가 다르다. 20대부터 30대 초반까지는 라면에 넣어서 먹는 모습을 보여줄 때 매출이 오른다면, 30대 중반부터 50대까지는 회로 싱싱하게 먹는 모습을 좋아하고, 60대는 찜으로 부드럽게 쪄서 먹는 레시피를 선호한다.

그러니 내가 이 상품을 어떤 계절에 무슨 요일, 어느 시간대에 방송하는가를 따져서 주 시청층이 누구일지 예측해야 한다. 매일매일이 똑같은 방송이 아니라 매 순간 새로운 즐거움과 자극을 주는 것이 바로 홈쇼핑 식품 방송이다.

제일 강력한 홈런 판매법

나는 판매할 상품의 장점을 정리하고 그중에 가장 중요하다고 생각하는 장점을 꼽아본다. 사람이 참 신기하고 재미있는 것이 내가 살 물건이라고 생각하면 한없이 깐깐해지다가도 내가 팔 물건이라고 생각하면 꽤 너그러워진다. 작은 것 하나도 장점으로 느껴지고 '이 정도면 살 만하지 않아?'라는 생각도 든다. 그러다 보면 장점이 한없이 늘어난다. 하지만 장점이 아무리 많아도 장점을 나열하는 것으로는 사람들의 지갑을 열 수 없다. 소비자들은 장점이 많은 제품을 사고 싶은 게 아니라 내가 사야 할 강력한 장점 하나를 원하는 것이다.

게임의 승부를 결정짓는 가장 강력한 홈런 한 방이 필요한 것처럼 말이다. 그래서 세일즈를 위해서는 장점 중 제일 매력적인 장점 하나를 꼽아서 더 깊게 파고드는 것이 효과적이다. 최고의 장점을 깊게 연구해서 이 단 하나의 매력을 어떻게 표현하고 전달하는 게 좋을지를 고민한다. 중심이 되는 매력에 확신이 들고 이 이유 하나만으로도 구입할 마음이 들 때, 비로소 다른 장점도 곁들임이 된다.

다만 건강식품의 경우 보통 명확한 장점은 효능과 효과인데 홈쇼핑에서는 약이 아닌 이상 효능과 효과를 직접적으로 언급할 수 없게 되어 있다. 그래서 이 경우에는 심의에 어긋나지 않게 매력적인 장점을 은유적으로 표현할 방법을 연구해야 한다.

맛은 경험 속에 있다

나는 식품 방송을 할 때는 반드시 신선함을 간접경험 하게 해준다. 가족 텃밭에 가서 일하고 수확하고 온 음식들은 신기하게도 먹어보면 맛이 다르다. 더 꿀맛이다. 같은 고추이고 같은 토마토인데 왜 더 맛있을까? 먹을 때마다 신기하다.

그런데 아이를 보니까 나와 똑같다. 당근을 잘 안 먹는 아이를 데리고 체험학습을 갔다. 작은 밭을 꾸려놓고 흙에서 당근을 캐기도 하고 그 당근을 직접 요리해서 맛보기도 하는 체험학습이었는데, 신기하게도 이 수업에 참여한 이후로 아이가 당근을 잘도 먹는다.

우리는 음식을 먹은 것이 아니라 경험을 먹는다. 맛은 음식 속에 있는 것이 아니라 경험 속에 있다는 말이 있다. 그러므로 소비자들이 방송을 보면서 머릿속에서나마 이런 경험을 하는 것처럼 느낄 수 있도록, 또는 예전의 경험을 떠올릴 수 있도록 상상력을 자극해주는 것이 중요하다.

이럴 때에는 지역의 풍경이나 환경의 특징을 짚어주는 것이 유용하다. 단순히 가평 잣에 대한 설명보다는 가평이라는 지역의 맑은 공기와 아파트 10층만큼 높은 잣나무의 울창함, 그리고 잣나무에 올라가서 하나하나 직접 잣을 따는 사람들의 노력을 이야기해주는 것이 더 실감 난다. 이런 노력으로 얻는 결과물이 고소한 잣이라는 생각이 들면 더욱 맛있게 느껴진다.

없는 말은 하지 말자

홈쇼핑은 시간의 승부이기 때문에 시간 내 목표 매출에 늘 쫓길 수밖에 없다. 사람들의 선택이 바로바로 콜 수와 수량으로 확인된다. 그러다 보니 초보 시절에는 무조건 많이 파는 것이 능사로 보였다. 판매에 연연하다 보면 실제 장점보다 더 극대화하고 평범한 사실도 미화하기 쉽다. '가성비'라는 말이 있는데 가격도 고려하지 않고 가성비도 따지지 않고 여러모로 무리수를 두게 된다.

그런데 이렇게 무리수를 두고 나면 그 화살은 고스란히 되돌아온다. 홈쇼핑에는 '전환율'이라는 게 있는데, 판매 후 반품되는 양을 뺀 최종 판매량을 말한다. 옷이나 신발처럼 사이즈가 중요한 품목의 경우 최초 구매량보다 구매자가 집에서 입어보고 신어보고 색상과 디자인을 확인한 후 반품까지 끝낸 최종적인 진짜 판매량이 중요하다. 식품의 경우에는 방송 때 쇼핑호스트가 맛에 대해 설명해준 것과 배송받은 후 고객이 느끼는 맛의 차이가 클수록 반품이 많다.

식품은 대개 반품되고 나면 폐기되어야 하는 경우가 많으므로 결과적으로는 업체의 손해로 이어지게 된다. 그리고 따라오는 부정적인 제품 리뷰는 쇼핑호스트의 신뢰도를 떨어뜨리기 때문에 방송사에도 큰 손해로 이어진다. 24시간 365일 돈을 버는 마케팅의 최전선이고 쇼핑호스트로 그 최전선에 계속 서 있어야 한다면 코앞의 나무만 보는 것이 아니라 더 멀리 볼 수 있어야 한다.

정직한 전략이
좋은 전략이다

홈쇼핑은 '~처럼 보이기'의 고수다. 가지고 있는 특징들을 극대화해서 정해진 시간 안에 보여줘야 하기 때문이다. 원래 예쁜 연예인이라도 화장품 방송을 할 때는 조명과 메이크업을 활용해서 더 극적으로 아름다워 보여야 한다. 그래야 소비자들은 그 화장품에 빠져든다. 원래 매콤하고 달짝지근한 떡볶이지만 방송에서는 뭔가 더 색이 선명하고 위에 올리는 고명부터 담아내는 그릇까지 잘 어울어져 훨씬 더 먹음직스러워 보여야 한다. 그래야 배가 고프지 않던 소비자들에게도 식욕을 불러일으킬 수 있다.

홈쇼핑의 모델들이 음식을 먹는 모습을 보면 어떤 생각이 드는가? 평소 집에서 혼자 먹을 때 거울을 앞에 놓고 보면 의외로 표정이 단조롭다. 머릿속으로는 '맛있네'라고 생각하더라도 무표정할 때가 많다. 하지만 홈쇼핑에서는 가족 또는 연인과 같은 콘셉트가 있고 그 콘셉트 안에서 소리나 대사 없이 오직 표정만으로 음식이 얼마나 맛있으며 이 음식으로 인해, 또는 이 상품 덕분에 얼마나 행복한지를 보여줘야 한다. 그래야 방송을 보는 시청자들이 '이 상품을 구입해서 가족과 저렇게 먹으면 되겠군'이라는 상상을 할 수 있기 때문이다.

상품 구입에 드는 비용보다 상품의 활용도나 상품에서 얻는 행복이 더 크다는 판단이 서게 해야 소비로 이어진다. 그러다 보니 홈쇼핑 속 인물들은 실제보다 더 극대화된 표정을 짓기도 하고, 많은 양의 음식을 게눈 감추듯 빠르게 먹기도 한다.

사실이 아닌 것을 사실로 보이게 하지는 않는다. 그건 오히려 판매 후 반품으로 이어지는 원인이 되기 때문에 결과적으로 상품의 전환율에 도움이 되지 않는다. 하지만 예를 들어 쌀 방송을 하는데 돌솥에다 하느냐, 일반 밥솥에다 하느냐를 선택해서 좀 더 고향의 밥맛을 연상시킨다거나, 뚜껑을 열었을 때 약하게 올라오는 김에다가 화면 밖에서 물뿌리개로 물을 뿌려서 수증기를 극대화하는 건 가능하다. 조립형 가구가 좀 더 쉽게 조립되는 것처럼 느껴질 수 있도록 쇼핑호스트는 수없이 연습해서 방송에서 능숙하게 시연하기도 한다. 누구나 간편하게 조립할 수 있다는 것을 강렬하게 전달하고 싶기 때문이다.

홈쇼핑이 아니더라도, 우리는 누구나 잘 보이고 싶은 사람에게 더 예쁘게 보이려고 노력한다. 소중한 사람에게 대접하는 음식이 더 맛있어 보이길 원한다. 심지어 잘 모르는 타인에게도 내가 좀 더 키가 커 보이길 원한다거나 더 멋지게 보이길 원한다. 그러니 홈쇼핑이라는 비즈니스 공간에서 벌어지는 '~처럼 보이기' 전략은 비즈니스의 성공을 위해서 어찌 보면 당연해 보인다.

아무도 가지 않은 길에서 배우다

홈쇼핑에서 방송하다 보면 자연스럽게 일어나는 변화가 있다. 업체는 점점 자신들의 상품이 더 멋져 보이는 방법을 알게 된다. 쇼핑호스트는 점점 이 상품이 돋보이는 시연이나 멘트가 무엇인지 알게 된다. 그리고 그 상품과 함께 자신이 어떻게 하면 더 아름다운 모습으로 보이는가에 익숙해지게 된다. 아름다워 '보이고', 맛있어 '보이고', 화려해 '보이는' 비즈니스 메이크업 기술에 능해진다.

초보 PD는 선배 PD가 방송을 준비하고 연출하는 모습을 보면서 더 극대화하고 더 임팩트 강한 연출법을 배우게 된다. 홈쇼핑에 처음 온 모델은 옆의 노련한 모델을 따라 하면서 배운다. 흔히 사람들이 느끼는 홈쇼핑 스타일은 이렇게 만들어지는 것이다. 나도 이런 점에 꽤 익숙해져 있었다. 그런 방법들이 매출을 올리는 데 효율적이라고 생각했다. 하지만 국민엄마 김혜자 선생님을 만나 함께 방송하면서 진짜 고수에게는 의외의 한 수가 있다는 것을 배웠다.

국민엄마 김혜자 선생님과 안창살 구이, 육수팩 제품을 기획 단계부터 전담할 기회가 있었다. 이제 홈쇼핑에서 연예인 브랜드를 내건 상품은 너무 흔하다. 직접 제조에 관여하는 연예인부터 브랜드 모델만 하는 연예인, 자신이 하는 음식점의 메뉴를 홈쇼핑 상품으로 제품화한 연예인까지 다양하다. 그만큼 소비자들로 하여금 짧은 시간에 상품을 인지시키고 호감으로 끌어내는 데 수월한 마케팅이 연예인 마케팅이기 때문이다. 나 역시 그동안 연예인 전담 상품들을 수없이 진행하면서 효과를 극대화하고 제품과 연예인의 호감 이미지를 연결해 판매에 도움이 되게 하는 기술에 대해서는 너무나 잘 알고 있었다.

그런데 '김혜자 안창살구이' 첫 방송을 준비하면서 생각지 못한 난관에 봉착했다. 첫 만남부터 김혜자 선생님이 "난 진실만 이야기하겠다"고 강하게 선언했기 때문이다. 즉 '실제로 내가 이 제품을 하나씩 자르고 숙성하고 포장해서 파는 게 아닌데 마치 내가 만든 것처럼 팔 수 없다'는 것이다.

사실, 홈쇼핑에서 연예인이 나올 때는 이유가 있다. 첫 번째는 연예인이 직접 그 음식을 음식점에서 판매하고 있거나 제조공장이나 기술력 부분에 관여한 경우이다. 두 번째는 브랜드의 모델로 활동하거나 제품의 1차 소비자가 되어 홍보대사처럼 제품력을 자랑해주는 경우이다. 세 번째는 가족 중 누군가가 하는 사업이라 자신의 이미지로 도움을 주고자 하는 경우다.

김혜자 선생님은 사실 마지막 이유였다. 아들이 음식 사업을 시작하면서 어머니로서 나서게 된 것이다. 한평생 연기만 하느라 가족을 많이 못 챙긴 미안함이 있다 보니 아들에게 힘이 되어 주고 싶어서 출연을 결심한 상황이었다. 하지만 그렇다고 해서 갑자기 요리 전문가처럼 양념의 황금 배합 비율을 직접 만드는 콘셉트는 하고 싶지 않다는 것이었다. 제품과 김혜자를 동질화하고 싶지 않고, 제품의 모델이나 홍보대사가 될 자신도 없다고 솔직히 이야기하셨다. 그저 배우이자 엄마의 모습을 보여주는 정직함만 준비되어 있다고 하셨고, 나는 이번 방송만큼은 그동안의 홈쇼핑 방송과 다르게 진짜 김혜자 선생님의 모습을 정직하게 전달하기로 약속했다.

그래서 첫 방송부터 깜짝 놀랄 멘트가 줄줄이 나왔다. 엄마의 입장에서 아들이 만드는 안창살 구이의 품질에 대해 얼마나 염려하고 있는지, 그래서 제조하는 아들에게도 공장을 방문한 뒤 불안한 마음에 끊임없이 잔소리했다는 이야기, 자식들이 엄마의 이름으로 선보이는 음식이라 오히려 엄마가 직접 만드는 것보다 더 신경 쓰일 수밖에 없다는 솔직한 이야기가 나왔다. 배우라는 세계에서 워킹맘으로 생활하면서 가족들에게 직접 맛있는 음식을 준비해주지 못한 미안함이 있다 보니 홈쇼핑도 내 분야가 아니라고 생각하지만 나오게 됐다는 속내까지 이야기하셨다.

상품 판매 방송인데도 '제품이 이래서 좋다!'가 아니라 정직한 이야기가 주를 이뤘다. 제품을 앞세우고 국민엄마 이미지를 내세워서 음식과 요리에 눈을 집중시키는 것이 아니라, 오히려 제품은 조금 뒤로 놓고 선생님과 나누는 일상적인 대화들로 귀를 집중시키는 방송이었다. 기존의 홈쇼핑다운 모습이 아니다 보니 처음 방송을 본 관계자들은 기함했다. 자신 없다는 식의 멘트나 아들이 걱정돼서 나오긴 했는데 사실은 연기만 하는 게 좋다는 이야기, 엄마이다 보니 그래도 어쩔 수 없이 나오게 됐지만 출연 여부를 두고 마지막까지 아들과 싸웠다는 투박하고 세련되지 않은 이야기에 다들 놀랐다. '홈쇼핑에서 저런 이야기를 해도 돼?' 라는 반응이었다.

그런데 방송 후반이 되면서 홈쇼핑이 아니라 김혜자 선생님의 토크쇼를 보는 것 같다는 소감과 함께 많은 사람의 공감을 얻었고 순식간에 콜이 오르면서 대박이 났다. 2차 방송도 매진, 3차 방송도 연속 매진을 기록했다. 그 당시 다른 식품 방송의 매출과 비교해도 엄청난 성공이었다. 처음엔 왜 그런 멘트를 하냐고 타박을 주던 관계자들도 연속 매진 행진을 하자 인정할 수밖에 없었다.

나도 예전에 비슷하게 방송에서 가족 이야기를 했지만 이렇게까지 진심을 다 보여주진 못했던 것 같다. 가족을 보여줘도 예쁜 모습으로 보여주고 싶고, 우리 가족의 이야기를 스토리텔링으로 담아내도 잡지 속 가족들처럼 아름다워 보이길 바랐다. 하지만 김혜자 선생님과 함께 방송하면서 진정성은 오히려 화려하지 않기에 빛난다는 것을 배웠다.

오랫동안 함께 방송했던 이정섭 선생님도 정직함으로 승부하는 분이었다. 이정섭 선생님의 유행어 중 '챔기름을 넣어서 드세요'가 있는데, 사실 이 유행어가 나오게 된 데는 사연이 있다. 이정섭 선생님은 몇 년간 소갈비찜을 판매했는데, 가끔 방송에서 '드셔보면 사람 입맛은 다 달라서 입맛에 안 맞을 수 있어요. 좀 더 달게 먹고 싶으면 배를 갈아 넣고, 조금 짜다 싶을 때는 떡이나 당면을 살짝 넣어서 중화시켜 드세요. 어떻게 맛을 가미해서 드시던 마지막에는 감칠맛을 위해서 꼭 챔기름을 넣으세요. 아무래도 반조리 식품이라 완벽할 수는 없어요.'라고 솔직하게 이야기하셨다.

처음에는 제품이 마치 맛이 완성되지 않은 채 판매되는 것처럼 보일까 봐 조마조마했는데 이정섭 선생님이 이런 단점을 이야기하고 보완할 수 있는 대안을 제시하자 오히려 콜이 올랐다. 정직하게 이야기하는 사람의 제품이라는 신뢰가 생기면서 오히려 매출이 상승한 격이었다.

이 두 분에게는 공통점이 있다. 두 분의 정직함은 어설픔에서 나오는 것이 아니라는 점이다. 모두가 알다시피 김혜자 선생님도, 이정섭 선생님도 자신의 분야에서 오랜 내공을 쌓아온 고수들이다. 예술이라는 세계든, 요리라는 분야든 정점에 이른 사람들이 선택하는 최고의 한 수는 솔직함과 정직함이다. 그리고 그 묵직한 진심이야말로 사실은 가장 좋은 전략이다.

신상품을 성공적으로 론칭하는
3가지 비법

홈쇼핑에는 최소 하루에 1개 이상의 신상품이 등장한다. 대충 따져도 365개의 신상품, 인가받은 홈쇼핑만 무려 7곳, 얼추 계산해도 1년에 최소 2,555개의 신상품이라는 숫자가 나오는데, 사실 내가 지금까지 근무하며 만난 신상품은 이보다 더 많은 듯하다.

세상은 신상품으로 넘친다. 아이디어가 상품화되는 과정이 효율적으로 짧아지고 스타트업, 여성창업지원, SNS 네트워크 등이 활발해지면서 신상품의 등장은 더욱 쉽고 빨라졌다. 그러니 내가 진행했던 신상품도 있고, 동료가 맡았던 신상품도 있으며, 소비자가 되어 구매한 신상품을 넘어 홈쇼핑이 아닌 유통 경로로 등장하고 사라지는 신상품도 있으니 모두 합한다면 2,555개가 아니라 더욱 엄청날 것이다.

그렇다면 이제 다시 카운트를 해보자. 작년 한 해 가장 인상 깊은 신상품은 무엇인가? 지난달 가장 메가 히트한 신상품은 무엇인가? 이번 주 가장 빛났던 슈퍼스타 신상품은 무엇인가? 그리고 이런 성공적인 신상품들의 성공 비법은 무엇인가?

신상품은 하나의 단어로 정리될 수 있어야 한다

요즘은 어떤 상품이든 처음 보면 검색부터 하는 게 일상적이다. 나 역시도 신상품 미팅을 하러 가면 일단 스마트폰으로 검색부터 하게 된다. 그런데 이렇게 검색을 하면 신상품뿐만 아니라 비슷한 상품이 수백 개씩 나온다. 소비자는 이렇게 수많은 상품 중 어떤 기준으로 선택하게 되는 걸까?

판매 사이트의 가격을 비교해놓은 곳에서도, 줄줄이 달린 상품 후기를 볼 때도, 결국은 최종 클릭을 유도하는 한마디가 있어야 한다. 비슷한 기능, 비슷한 후기 앞에 수식어 하나로 클릭을 하느냐 마느냐가 정해진다는 것이다.

'인생템', '잇템', '텅장템', '국민○○'이라는 표현이 이 책에서 반복해서 등장하고 있는데, 이런 단어가 부각되는 이유는 제품의 효과를 한마디로 정리해주는 수식어이기 때문이다. '내가 써본 화장품 중에 제일 좋다', '여행 갈 때 반드시 가져가야 할 아이템이다', '통장의 돈을 쓰게 해서 텅텅 비게 할 정도로 매력적인 상품이다'는 뜻을 내포하고 있는 것이다. 물론 이제는 너무 흔한 수식어가 되어서 또 다른 수식어가 필요한 상황이지만 말이다.

인스타그램을 보면 해시태그를 달게 되어 있다. 지금 게시하려는 글이나 사진을 한 마디, 한 단어로 표현하면 무엇인지 생각하게 한다. 그리고 이렇게 달아놓은 해시태그들이 쌓이게 된다. 정보 검색자는 해시태그만 쳐도 관련 해시태그가 걸려 있는 게시물들을 모아서 볼 수 있다. 심지어는 내가 모르는 사람이 올린 글까지도 검색의 공식에 맞는 해시태그를 쓰면 볼 수 있다. 해시태그를 마케팅 수단으로 활용하는 이유다. 현대화된 입소문의 힘이다.

특히 신상품은 이런 입소문을 어떻게 활용하느냐가 굉장히 중요하다. 그래서 영화를 개봉할 때 관계자들이 가장 신경을 쓰는 것 중 하나가 한 줄 평이다. 새로 선보이는 영화를 시사회에서 본 사람들의 인상이나 포스터나 배우 인터뷰에 대한 한 줄 평은 '볼까말까족'들에게 큰 영향을 미친다.

자, 그렇다면 지금 준비하고 있는 신상품을 한마디로 표현한다면 무엇일까? 지금 하고 있는 당신의 비즈니스를 한 줄 평으로 정리할 수 있는가?

신상품 체크리스트 세 가지
1) 이 상품이 희소성을 가지고 있는가?

신상품이 이미 흔해진 상품은 아닌지 점검해야 한다. 대형마트나 시장에만 가도 쉽게 볼 수 있는 상품이거나 벌써 인터넷에 가격 비교가 줄줄이 되어 있는 상품이라면 소비자들은 지금 당장 지갑을 열어야 할 욕구를 느끼기 어렵다.

학생 때 희소성의 법칙을 배운 적이 있을 것이다. 사회심리학자인 스티븐 워첼이 학생들을 대상으로 과자에 대한 선호도를 조사했다. 무작위로 나눈 두 그룹 중 첫 번째 그룹에게는 과자 한 박스를, 두 번째 그룹에게는 과자 두 조각을 주고 과자에 대한 선호도를 조사했다. 그 결과 한 박스를 받은 그룹보다 단 두 조각을 받은 두 번째 그룹이 과자의 맛과 품질을 더 높게 평가했다. 귀한 건 좋아 보이고 좋아 보이는 건 사고 싶은 욕구로 이어진다. 즉, 제품의 생산량보다 구입을 원하는 소비자가 많을 때 희소성의 원칙은 발현되고 제품은 귀해지고 그만큼 비싸질 수 있다. 특히 신상품의 성공여부에 희소성의 원칙이 잘 맞아떨어지는 이유는 신상품의 경우에는 아직 시장에 물량이 깔려 있지 않고 초기에는 리스크를 최소화하기 위해 최소 물량만 제조하는 경우가 많으므로 찾는 사람이 조금만 많아져도 물량대란으로 이어지기 쉽기 때문이다.

허니버터칩 대란을 기억하는가? 이 제품은 순식간에 엄청난 사랑을 받은 신상품이었다. 그렇지만 제품을 만드는 공장에서 물량을 다 소화하지 못해서 마트에서 구하고 싶어도 구할 수 없는 과자가 됐었다. 결국 허니버터칩은 희소성을 가지게 됐고 어렵게 이 과자를 구한 사람들은 SNS에 자신이 소위 '득템'했음을 자랑했다. 이런 희소성의 법칙을 통해 한동안 허니버터칩은 엄청난 사랑을 받았다. 신상품이 희소성을 가질 때의 시너지를 알 수 있는 사례이다.

2) 이 상품이 경쟁력을 가지고 있는가?

희소성은 영원할 수 없다. 우리는 세계 3대 보석을 파는 게 아니기 때문이다. 결국, 지속적으로 많은 소비자에게 사랑 받아야 신상품이 성공작으로 남을 수 있다. 그러기 위해서는 기존 상품과 다른 남다름을 갖추고 있어야 한다. 그 차별화가 경쟁력이다.

홈쇼핑이나 마트에서 선식이나 미숫가루는 이미 자리 잡은 지 오래다. 하지만 다이어트에 관점을 맞춘 하루에 꼭 먹어야 할 영양소로 밸런스를 맞춘 미래형 대용식은 여전히 새롭다. 어떤 재료를 넣고 뺄 것인가? 예전에는 단순히 곡물 한두 가지만 사용했다면 여기에 더 첨가할 트렌디한 식재료는 뭐가 있을까? 배합에 따라 전혀 다른 신상품이 될 수 있다. 심지어 최근에는 건조과일을 활용한 대용식도 나오고 있으며, 예전에는 우유에만 타 먹었다면 이제는 물, 두유, 찬물, 더운물까지 가리지 않고 잘 녹는 제형도 나왔다.

포장도 경쟁력이 될 수 있다. 한꺼번에 많은 양을 담은 포장을 좋아하는 사람도 있고 작은 양으로 나눠 포장한 것을 좋아하는 사람도 있다. 상품에 따라 선호도가 달라질 수도 있다. 큰 봉지로 포장되었던 제품이 한 포씩 쉽게 뜯어서 먹을 수 있는 형태로 변형되기도 하고, 이제는 포장지가 하나의 주스컵처럼 변형되는 아이디어 패키지도 나온다. 제품의 차별성이라는 경쟁력을 갖춘 신상품은 자연스럽게 사람들의 관심을 끌게 된다.

3) 이 상품이 대중성을 가지고 있는가?

일단 가장 쉽게 대중성을 확보하는 방법은 가격의 합리성을 갖추는 것이다. 자주 소비하게 되는 1차 상품 중에 아기 기저귀가 있다. 기저귀는 우리 아이 피부에 닿을 정도로 중요하지만 1년에 쓰는 양만 해도 방의 벽 하나를 채울 정도다. 그렇다고 해도 최고가의 명품 기저귀로 살 수 있는 사람이 몇이나 될까? 일회성은 될지 몰라도 일상은 될 수 없다. 그래서 가성비가 중요하고, 그 부분을 채울 수 있는 것이야말로 대중성 확보가 될 수 있다.

사랑받는 대중가요는 듣기 쉽다. 흥얼흥얼 쉽게 따라 부를 수 있다. 신상품도 성공하기 위해서는 쉬워야 한다. 이미 신상품이 출시된 계기부터 기존의 불편함을 해결하기 위한 경우가 많다. 그동안 미용실에 가서 전문가에게 비싼 돈을 주고 받아야 했던 헤어관리가 쉬워지는 홈케어 아이템이나, 혼자서는 절대 옮기지 못했던 무거운 가구를 혼자서도 손쉽게 옮길 수 있는 신제품 등이 있다. 그리고 이런 신상품들은 사용법도 복잡하지 않고 누구나 쉽게 사용할 수 있다는 장점이 있다.

물론 신상품 론칭 성공에는 이 세 가지 체크리스트 외에도 충족되어야 할 세밀한 요건들이 있다. 흔히 대박상품은 하늘에서 내려주신다고 할 정도로 뜻밖의 성공 요소를 많이 가지고 있다. 하지만 확실한 것은 이 세 가지가 기본으로 갖춰지지 않고 성공한 신상품은 없다는 것이다. 가장 기본적인 체크리스트가 갖춰진 상품만이 소비자의 선택을 받는다.

실패하든 성공하든,
시즌 2가 있다

지금이 비즈니스맨으로의 첫 출발이라면 당신은 앞으로 더 많은 실수를 할 것이다. 원하는 게 많을수록 더 많은 실수를 하게 된다. 그런데 이 실수들은 우리가 무엇인가 행동하기 때문에 생기는 것이다. 아무것도 하지 않는다면 실수도 없을 것이다. 그런데 실수 없는 그 삶이 우리가 원하는 삶일까?

꼭 지금 당장 결판이 나지 않아도 좋다. 오히려 결판은 시간이 지난 뒤에 따져볼 일이다. 시간이 지나서 실수가 정말 실수였는지, 실수가 맞다면 정말 그만큼 자책할 정도의 실수였는지를 다시 셈해봐야 한다. 그리고 더 중요한 것은 그 실수 끝에 배운 것은 없는지 살펴보는 것이다.

비즈니스맨이 되겠다고 마음먹은 이상 넘어지지도 않고 실수하지도 않겠다는 다짐은 무의미하다. 그건 '아무것도 하지 않고 아무것도 배우지 않겠다'의 다른 말이기 때문이다. 아이가 자전거를 배울 때 넘어지지 않고 배울 수 있을까? 씽씽 달리기 위해서는 넘어지며 배워야 한다. 대신 넘어질 때 되도록 덜 다칠 수 있도록 헬멧도 쓰고 보호대도 차면서 대비할 뿐이다.

비즈니스도 마찬가지다. 당신의 첫 번째 프로젝트는 성공할 수도 있고 실패할 수도 있다. 하지만 어떤 경우든 미리 대비해놓는 것이 중요하다. 이번이 성공이어도 영원한 성공이 아니기에 다음을 준비해야 한다는 헬멧을 쓰자. 이번이 실패여도 실패 원인을 찾아 보완하면 다음은 더 큰 성공이 올 수 있다는 보호대를 차자.

더 나은 시즌 2를 위하여

상품을 판매하다 보면 시즌 상품이 종종 출시된다. 이번 시즌에서 부족했던 점을 보완해 시즌 2에서 다시 선보이곤 한다. 혹은 또 다른 장점을 장착해서 재출시하기도 한다. 주부들의 마음을 사로잡았던 식품건조기나 압력밥솥을 방송할 때도 매 시즌 더 나아지는 기술력에 감탄했다. 더 나아지기를 꿈꾸는 사람들이 없었다면 과연 이런 시즌 2 상품들이 나올 수 있었을까?

우리 주변을 둘러보면 빠르게 변화하는 시대를 읽고 더 나은 기술로 혁신을 이루는 비즈니스가 너무나 많다. 흔한 과자 하나만 하더라도 추억의 맛으로 리뉴얼해서 신세대들도 함께 즐기는 인기상품으로 만드는 것이 지금 시대이다. 하물며 비즈니스의 세계는 더할 것이고, 궁극적으로 우리는 더 나은 행복한 인생을 위해 꿈꾸는 것을 포기하지 말아야 한다.

내 삶도 언제나 시즌제였다. 대안학교 선생님이 되고 싶었고 교육전문가가 되어서 학교에서 학생들과 즐겁게 생활했던 시간이 있었다. 이제 교육자의 길은 가지 않지만 그 추억과 함께 쇼핑호스트가 되고 나만의 시즌 2를 만들어나가고 있다. 그리고 14년이라는 시간을 달려오면서 너무나 많은 것을 배웠다.

삶에서도 결혼을 통해 새로운 시즌제를 맞이하고, 아이들 셋과 함께 내 인생 최고의 시즌을 맞이하게 되었다. 앞으로 얼마나 더 많은 것이 변할지 예측할 수 없다. 지나간 모든 시즌이 무의미하다고 생각하지 않는다. 이 시간이 모여 다음 시즌의 행복을 만들기 때문이다. 그러기 위해 우리는 매 시즌 일과 행복에 대해서 새롭게 정의 내려야 한다.

아이를 키우다 보면 질문이야말로 가장 좋은 교재라는 걸 깨닫게 된다. 아이와 눈을 마주 보고 건네는 질문과 답변 속에서 답 이상의 것을 얻는다. 멘토링에서도, 업무에서도, 방송에서도 좋은 질문은 마치 아이와의 관계처럼 많은 것을 얻게 해준다. 멘토링을 할 때에도 멘토들은 일부러 질문을 통해 멘티들이 깨달을 수 있게 한다.

좋은 질문은 사람을 얻게 해주고 비즈니스가 좀 더 잘 해결되도록 방향을 제시해주기도 한다. 세련된 질문은 질문을 던지는 사람 자체를 더욱 빛나게 해준다. 그러기 위해서는 좋은 질문을 찾는 연습을 해야 한다.

1. 당신은 질문 소방수다

질문에는 여러 가지 의도가 있을 수 있다. 정말 잘 모를 때 던지는 질문, 원하는 정보를 유도해내기 위한 질문, 그리고 상대의 마음을 얻기 위한 질문이 있다. 상대가 지금 상황에서 어떤 질문을 받길 원할까? 어떤 이야기를 하고 싶을까? 상대가 강조하거나 자랑하고 싶은 내용에 대해 질문해보자. 질문만 잘 던져도 대접받는 사람들이 있다. 이런 사람들은 시의적절하게 상대가 말하고 싶지만 쑥스러워서 미처 이야기하지 못하는 말을 할 수 있도록 질문한다. 그러면 상대는 당신의 적절한 질문에 마치 봇물 터지듯 이야기할 것이다. 그리고 때마침 적당한 질문을 해준 당신에게 고마워할 것이다. 당신은 질문 하나로 사람의 마음을 얻게 된다.

2. 당신은 질문 저격수다

역으로 원하는 정보를 얻기 위한 질문도 있다. 이럴 때에는 길고 장황하게 질문해서는 안 된다. 가끔 토론회를 보면 질문이 너무 장황해서 답변자가 마지막에 '그러니까 지금 하는 질문의 요지가 뭐죠?'라고 묻는 경우가 있다. 질문은 핵심 언어로 짧고 간결하게 이뤄져야 한다. 어렵다면 A와 B 중 선택할 수 있는 형식으로 접근해도 좋다. 가끔 영화를 보면 대사가 지나치게 친절해서 모든 상황과 인물의 속마음을 대변하는 것처럼 느껴질 때가 있다. 이런 대사는 감독의 의도를 속속들이 알게 해주지만 한편으로는 영화 자체의 흥미를 떨어트리거나 내가 생각할 수 있는 여지를 좁히기도 한다.

질문 역시도 마찬가지이다. 질문에 너무 많은 내 생각을 담다 보면 오히려 상대방의 답변이 좁은 사고로 이뤄지기도 하고 뻔한 대답만 나오게 된다. 핵심이 되는 질문만을 명확하게 던져서 상대가 고민하고 답을 스스로 찾아가게 해야 한다. 자유롭게 답할 수 있는 개방형 질문은 브레인스토밍처럼 아이디어로 이어지기도 한다.

질문에도 성향에 따른 차이점이 있다. 꽈배기처럼 배배 꼬듯이 질문하는 사람은 언제나 그와 같은 방식으로 질문하고, 품위 있게 질문을 던지는 사람은 어떤 자리에서든 품격 있는 질문을 한다. 질문은 마치 향수처럼 그 사람의 성향이나 수준을 드러내기 쉽다. 어떤 향이 나는 사람이 되고 싶은가? 스스로에게 질문해보자.

걸크러시,
도전하는 여성 비즈니스맨을 응원한다

원고를 마무리하면서 2011년 11월에 쓴 일기를 다시 읽었다.

'쇼핑호스트를 시작하고 7년이 흘렀는데 갑자기 그런 생각이
들었다. 내가 언제까지 이 일을 할 수 있을까? 이런 생각을 하
니 꼬리를 물고 생각이 이어져 내가 이 일을 얼마나 사랑하고
있는지 자문하기에 이르렀다. 죽을 때까지 노래하고 싶다고
이야기하는 가수들을 보면 그들의 얼굴에서 평생 자신이 사
랑하는 일에 매진할 때의 자부심이 엿보인다. 아, 저만큼 좋
아해야 정말 그 일을 할 자격이 있는 거구나.'

2018년 오늘, 거울 앞에서 나의 얼굴을 바라본다. 불확실성에 불안해하는 얼굴이 아니라 좋아하는 일을 더 신나게 열정적으로 할 수 있는 엄마이자 여성 비즈니스맨이 된 모습이 만족스럽다. 장소와 시간을 막론하고 함께 하는 사람들에게 감사하며 일하고 있다.

물론 이 자리에 이르기까지 힘든 일도 많았다. 글을 쓰면서 순간순간 지치고 괴로웠던 순간이 많이 떠올랐다. 일이 힘들 때도 있었고, 사람 때문에 우는 순간도 있었다. 비즈니스 세계는 낯설었고 엄마가 된다는 건 아무도 가르쳐주지 않은 일이었기 때문이다.

그래서일까? 지금도 막 사회생활을 시작한 후배들을 만나서 힘든 점을 들으면 남 일 같지 않게 공감하게 된다. 그리고 언제나 하는 이야기지만 응원과 함께 "우리가 이렇게 모여서 이를 바득바득 갈지언정 결코 지쳐 포기해서는 안 된다."고 이야기해준다. 이 책은 마치 그런 은밀한 자리의 응원 소리를 담은 책이다.

첫째를 낳고 복직했을 때 우리 집에서 주방용품 사용법을 촬영한 적이 있다. 남편은 퇴근하자마자 옷을 미처 갈아입지도 못하고 구멍 뚫린 양말을 벗지도 못한 채 안방에서 갓난아기를 업고 울음을 달래야 했고, 나는 허겁지겁 집도 못 치운 채 촬영팀을 맞이했다. 촬영이 끝나고 새벽까지 밀린 청소를 하면서 나의 치열함을 가족에게까지 강요하는 것만 같아 정말 미안했다. 그런 나에게 "이것도 좋은 추억이 된다. 당신은 가장 열심히 살고 있다."고 이야기해준 내 힘의 근원, 남편을 떠올리며 이 글을 쓰는 시간이 나에게도 응원의 시간이었음을 밝힌다.

사실 '여성 비즈니스맨'이라는 말은 거창해 보이지만, 본질은 그저 이 시대 현실과 사투하며 온갖 굴욕과 싸우고 있는 우리들의 이름표일 뿐이다. 1인 기업 시대니까 모두 회사를 나와서 창업하자는 것이 아니다.

다만 내가 하고 싶은 이야기는 우리의 정체성을 현실적인 이유 때문에 언제 일을 그만둬야 할지 늘 고민하는 수동적인 형태에서 자신을 하나의 기업으로 생각하고 어디에서든지 당당하게 주체적으로 원할 때까지 일하는 형태로 바꿔주자는 것이다.

내 어머니도 만삭의 몸으로 당당하게 출근하셨고 가족과 함께 육아하며 지금까지도 행복하게 일하고 있으시다. 나 역시도 어머니처럼 되고 싶고 나의 딸들도 그렇게 행복하게 일할 수 있었으면 좋겠다. 서 있는 지점이 회사 안이든 밖이든 어디여도 좋다. 우리의 역량이 성장할 수 있는 곳이라면 포기하지 말자.

그런 의미에서 여성 비즈니스맨의 도전은 앞으로의 시대에서 더욱 중요하다. 우리가 함께 만들 수 있다.

마지막으로 내 인생의 첫 책을 만들 수 있도록 도와준 절대적 롤모델인 부모님, 그리고 언제나 일하는 며느리를 응원해주시는 시부모님, 사랑하는 남편과 아이들에게 감사를 전한다.

북큐레이션 • 경제력, 육아, 커리어 모두 잡고 싶은 여성에게 추천하는
〈워라밸 플랜〉과 함께 읽으면 좋은 책

일과 가정 사이에서 흔들리는 워킹맘. 남편 월급만 믿고 살기에는 미래가 걱정인
주부맘이라면 이 책을 통해 또 다른 인생을 꿈꿔보세요!

여자라면 커리어 로드맵을 그려라

윤정애 지음 | 12,500원

임신, 출산, 육아 등 여자들만 겪는 장애물에도 꺾이지 않고 몸값을 높이는 '커리어 로드맵'을 그리는 방법

여성 전문 커리어 컨설턴트로 활동하는 저자의 경험과 상담 사례를 바탕으로 직장에서 상대적으로 불리한 위치한 여성들이 당당하게 인정받고 커리어를 쌓아나갈 방법을 제시한다. 저자는 경력단절의 위기를 겪는 여성의 경력관리법은 남성과 달라야 하며, 무엇보다 장기적인 목표에 맞춰 커리어의 굴곡을 조절하는 커리어 로드맵을 그려봄으로써 오래 일할 수 있는 발판을 마련하는 것이 중요하다고 강조한다. 나는 회사에서 인정받고 있는가? 왜 나만 승진이 느린가? 언제까지 일할 수 있을까? 가슴속에 이런 질문이 있다면 이 책이 당신의 커리어를 한 단계 업그레이드 시켜줄 것이다.

아내에게 다시 직장이 필요할 때

이정미 지음 | 13,800원

경단녀, 1년 만에 남편 연봉 따라잡기 프로젝트!

결혼한 여성을 흔히 '아줌마'라 부르며, 전문 분야에서 일하는 여성을 '커리어우먼'이라 한다. 그리고 육아와 가사노동 때문에 경력이 단절된 여성을 '경단녀'라 칭한다. 이들은 20대에 열심히 사회생활을 하다가 자의 반, 타의 반으로 다시 사회에 복귀하지 못하고 있다.
지금 처한 상황과 입장은 중요하지 않다. 대한민국 현실에서 아줌마로 경단녀로 고민만 하지 말고 남편에게 힘이 되어주고 아이들에게 자랑스러운 엄마로 행복한 나를 완성하고자 한다면 재취업은 선택이 아니고 필수다. 이 책을 통해 당신은 현실의 벽을 넘어 성공적으로 사회에 복귀하는 가장 효과적인 방법을 찾을 수 있을 것이다.

여자, 인생의 판을 바꿔라

이은주 지음 | 13,800원

"여자들이여, 아직 가슴 뛰는 꿈을 포기하지 마라!"

마흔 살에 인생의 판을 바꾸겠다 결심하고, 새로운 인생을 살고 있는 이 책의 저자는 "엄마는 커서 뭐가 될 거야?"라는 어린 딸의 말 한마디가 자신의 인생을 바꾸었다고 고백한다. 그 말이 '딸에게 당당한, 꿈꾸는 엄마가 되고 싶다'는 의지를 지폈고, 그것을 발전시켜 지금 연봉 1억을 버는 잘나가는 여성으로 살고 있다.

이 책은 내 인생과 가정 사이에서 고민하는 이 시대 모든 여성들에게 말한다. "아직 가슴 뛰는 삶을 포기하지 말라"고. 당신이 빛날수록 가정도, 남편도, 아이도 빛날 거라고. 아이와 동화책을 읽다가도 문득 '내 인생'이 생각나 멍해지는 당신이라면, 딸의 롤모델이 되는 자신을 꿈꾸는 당신이라면, 나이 들수록 매력적인 여자로 다시 태어나고 싶은 당신이라면. '인생의 판'을 바꿀 준비를 시작하라! 바로 오늘이 당신의 인생을 바꾸는 시작점이 될 것이다.

아내 CEO 가정을 경영하라

최미영 지음 | 12,800원

무일푼 남편을 50억 자산가로 만든 대한민국 1호 아내 CEO, 가정의 운명을 바꾸는 아내 리더십을 말하다!

불행한 어린 시절, 가난한 20대와 신혼 생활을 건너 50억 자산가 남편을 만든 저자 최미영은 한 사람이라도 공감하고 변화하는 데 동기부여만 될 수 있다면 하는 마음으로 이 책을 썼다. 저자 역시 지금은 '가정을 경영하는 아내 CEO'라는 타이틀을 찾았지만 그동안 자신의 역할이 무엇인지, 단지 남편과 아이들의 뒤치다꺼리나 하며 그 그늘에 평생 가려 자신의 목소리를 내지 못하는 것은 아닌지 고민하며 살았다. 그러나 세상에 없는 모델을 찾아가며 힘겹게 자신의 길을 개척했다.

이 세상에서 경영, 회계, 실무, 교육까지 모두 담당하는 유일한 사람이 한 가정의 아내다. 그런 아내가 변화하면 가정의 운명이 바뀐다. 이 책은 세상 모든 아내들이 가정을 매니지먼트하는 아내 CEO가 되어서 당당한 목소리를 찾을 수 있도록 돕는다.